LA MAL GOUVERNANCE EN AFRIQUE CENTRALE

Malédiction des ressources naturelles ou déficit de leadership ?

5-7, rue de l'Ecole polytechnique, 75005 Paris

http://www.harmattan.fr
diffusion.harmattan@wanadoo.fr
harmattan1@wanadoo.fr
ISBN : 978-2-343-05465-0
EAN : 9782343054650

Thierry BANGUI

LA MAL GOUVERNANCE EN AFRIQUE CENTRALE

Malédiction des ressources naturelles ou déficit de leadership ?

L'Harmattan

Collection **Études africaines**

dirigée par Denis Pryen et son équipe

Forte de plus de mille titres publiés à ce jour, la collection « Études africaines » fait peau neuve. Elle présentera toujours les essais généraux qui ont fait son succès, mais se déclinera désormais également par séries thématiques : droit, économie, politique, sociologie, etc.

Dernières parutions

GOHY (Gilles Expédit), *Éducation et gouvernance politiques au Bénin. Du danxômè à l'ère démocratique*, 2015.

BADO S.J. (Arsène Brice) (dir.), *Dynamiques des guerres civiles en Afrique. Une approche holiste*, 2015.

MOUANDJO B. LEWIS (Pierre), *Le marketing de rue en Afrique*, 2015.

TCHUIKOUA (Louis Bernard), *Gestion des déchets solides ménagers à Douala. Acteurs, pratiques urbaines et risques environnemento-sanitaires*, 2015.

MAÏKOUBOU (Dingamtoudji), *Les Ngambayes. Une société de la Savane arborée du Tchad*, 2015.

TOLNO (Charles-Pascal), *Transition militaire et élection présidentielle 2010 en Guinée*, 2015.

YAYA (Sanni), *Santé publique, anthropologie de la santé et développement en Afrique*, 2015.

FAYE (Malick), *Le droit douanier sénégalais*, 2015.

TAMA (Jean-Nazaire), *L'odyssée du constitutionnalisme en Afrique*, 2015.

NDAW (Colonel Abdoulaye Aziz), *Sécurité pour l'émergence du Sénégal*, 2015.

Ces dix derniers titres de la collection sont classés
par ordre chronologique en commençant par le plus récent.
La liste complète des parutions, avec une courte présentation
du contenu des ouvrages, peut être consultée
sur le site www.harmattan.fr

A
*mon fils **Yanis**, né au cours de l'écriture*
du présent livre.

LISTE DES ABREVIATIONS

AFD	: Agence française de développement
APD	: Aide publique au développement
BAD	: Banque africaine de développement
BEAC	: Banque des Etats de l'Afrique centrale
BDEAC	: Banque de développement des Etats de l'Afrique centrale
CEA	: Commission économique des Nations unies pour l'Afrique
CEDEAO	: Communauté économique des Etats de l'Afrique de l'Ouest
CEEAC	: Communauté économique des Etats de l'Afrique centrale
CEMAC	: Communauté économique et monétaire de l'Afrique centrale
CEPGL	: Communauté économique des pays des Grands Lacs
CIRGL	: Conférence internationale sur la région des Grands Lacs
CNUCED	: Conférence des Nations Unies sur le commerce et le développement

COMESA	: Common Market for Eastern and Southern Africa (Marché commun pour l'Afrique orientale et australe)
IDH	: Indice de développement humain
ITIE	: Initiative de transparence des industries extractives
MISCA	: Mission internationale de soutien à la Centrafrique
MONUSCO	: Mission de l'ONU pour la stabilisation en République Démocratique du Congo
OMD	: Objectifs du millénaire pour le développement
ONUDI	: Organisation des Nations unies pour le développement industriel
PER	: Programme économique régional
PDCT-AC	: Plan Directeur Consensuel de Transport en Afrique centrale
PME	: Petite et moyenne entreprise
RCA	: République Centrafricaine
RDC	: République Démocratique du Congo
RFI	: Radio France internationale

SADC : Southern African Development Community (Communauté de développement d'Afrique australe)

UA : Union africaine

UE : Union européenne

UEMOA : Union économique et monétaire ouest-africaine

AVANT-PROPOS

La révolution burkinabé d'octobre 2014 a rattrapé la parution de cet ouvrage dont le manuscrit était chez l'éditeur avant le soulèvement du peuple du pays des « Hommes intègres ». Le lecteur constatera que les principales causes ayant conduit à cette insurrection sont abordées dans ce livre qui est une contribution intellectuelle aux côtés de la société civile et d'une certaine classe politique (celle qui ne se compromet guère) qui, à l'unisson ou non, secouent courageusement les cocotiers des régimes qui s'éternisent, sans songer à passer le relais, en dépit de la paupérisation de leurs peuples.

Le présent essai relève les potentialités incommensurables et les défis du développement de l'Afrique centrale; et propose des clés pour la transformation économique et sociale de cette région, en traitant de nombreuses questions touchant la gouvernance politique, économique et sociale en Afrique en général et en Afrique centrale en particulier. Il est, de ce fait, destiné au grand public.

C'est le résultat de plusieurs années de recherche associant la documentation, l'analyse des discours et faits politiques, l'observation de terrains, les échanges ou entretiens avec divers acteurs (politiques, intellectuels, leaders d'opinions, responsables d'ONGs, jeunes...).

J'exprime ma profonde gratitude aux sieurs Maurice Dimanche et Bernard Mbeguida pour leur relecture du manuscrit, ainsi qu'à ma bien-aimée Marie-Blanche et à ma fille Priscillia pour leur affection. Je suis, bien entendu, seul responsable des propos et jugements émis dans les paragraphes qui suivent.

Thierry Bangui

INTRODUCTION

L'Afrique centrale est une région dotée d'un potentiel considérable dans de nombreux secteurs et notamment en ressources naturelles (pétrole, gaz, minerais, bois, terres arables...). Constituée d'une dizaine de pays, cette région compte huit pays sur vingt d'Afrique subsaharienne identifiés par le FMI comme « riches en ressources naturelles ».

Le sous-sol contenant une part enviable des ressources minérales mondiales (le cuivre, le plomb, le fer, la bauxite, le cobalt, l'uranium, le diamant, l'or...), fait de la région un « scandale géologique », pour emprunter cette expression au géologue belge, Jules Cornet[1].

La plupart des pays de la région sont aujourd'hui producteurs du pétrole : des onze pays sur lesquels nous nous sommes intéressés, seuls trois (la RCA, le Burundi et le Rwanda) ne sont pas producteurs de pétrole en 2013.
La diversité climatique de cette partie du continent noir fait d'elle une zone propice à l'éclosion de nombreuses filières agricoles intensives. La fertilité des terres est telle, comme le fait remarquer Colette Braeckman[2], qu'en certains endroits, sans engrais, il est possible de réaliser

---

[1] Jules Cornet (1865-1929), enseignant à l'École des mines du Hainaut, devenue aujourd'hui Faculté polytechnique de Mons en Belgique. Il prospecta au Congo Belge (actuelle R.D. Congo) et plus particulièrement au Katanga dont il découvrit les immenses richesses. On lui doit et à son équipe, une carte très détaillée des principaux gisements de cette région congolaise.

[2] Braeckman Colette, *Les nouveaux prédateurs. Politiques des puissances en Afrique centrale,* Paris, éditions Fayard, 2003, p. 181.

trois récoltes par an. La région pourrait, avec ces atouts, contribuer à nourrir la planète.

L'environnement physique de l'Afrique centrale est caractérisé par une vaste superficie de plus de 6,6 millions de km^2, une végétation luxuriante – les forêts du bassin du Congo – dans la plupart des Etats, un réseau hydrographique ramifié, etc.

Cependant, cette qualité de l'agriculture, ces ressources naturelles et richesses minières, etc., recélant des possibilités immenses, sont, à ce jour, largement sous-exploitées.

Sur le plan économique, la région possède aujourd'hui un fort pouvoir d'attraction, en raison de ces atouts et notamment de ces matières premières. Un terrain longtemps occupé par des investissements occidentaux (américains, français, belges, etc.), se voit un intérêt grandissant des pays émergents (la Chine, l'Inde, le Brésil, les monarchies du Golfe...). Cette convoitise est une chance pour les pays d'Afrique centrale, à la condition expresse que les décideurs politiques sachent, grâce à des institutions solides et des pratiques exemplaires, guider et orienter cet afflux d'hommes et de capitaux, et écarter les prédateurs.

A la faveur de cet engouement pour les ressources naturelles et avec le contexte de remonter des cours des matières premières, les Etats d'Afrique centrale connaissent une croissance économique forte et soutenue (6-7% en moyenne dans la zone CEEAC) depuis plus d'une décennie. Cette croissance économique soutenue a boosté le revenu moyen par habitant mais sans réel impact social, hélas !

La gouvernance politique dans les Etats est cependant problématique. En effet, la gouvernance est un concept multidimensionnel se traduisant par la gestion efficace des ressources, la lutte contre la corruption, la responsabilisation, la reconnaissance des générations futures, la protection de l'environnement et le développement durable, l'accès à l'information, etc. Elle aide donc, selon Gilles Paquet[3], à détecter et préciser la nature des failles, à comprendre d'où viennent les dérapages, et à mettre au point des correctifs appropriés. Les gouvernants se doivent non seulement d'effectuer une réconciliation efficace aux attentes des gouvernés, mais encore de pouvoir expliquer leurs choix dans un langage qui satisfasse tout le monde.

En dépit de ses ressources, on peut déplorer, pour la région Afrique centrale, ce que certains appellent « la malédiction des matières premières ». En effet, si on observe que les choses changent dans beaucoup de régions du continent où on voit émerger des gouvernements de plus en plus soucieux de meilleure gestion de leurs rentes, notamment vis-à-vis des populations, ce n'est guère le cas en Afrique centrale. Dans cette région, les infrastructures (routes, ponts, ports, barrages, chemin de fer, etc.) sont les plus limitées du continent. Par exemple, malgré les ressources importantes en hydro-énergie, la région a le secteur énergétique le moins développé d'Afrique. Les bilans en matière de développement humain sont médiocres. L'immense majorité des Etats occupent le bas de classement de l'indice de développement humain (IDH) et ont de faibles scores dans le classement de l'indice de perception de la corruption (IPC)[4] dans le monde de

---

[3] Paquet Gilles, *Gouvernance, mode d'emploi,* Montréal, éditions Liber, 2008.

[4] L'Indice de perception de la corruption (IPC) classe les pays en fonction de degré de corruption perçu dans leur secteur public et définit la corruption comme l'abus d'une charge publique à des fins d'enrichissement personnel. Le score est compris entre 0 et 100 où 0 signifie que le pays est perçu comme très corrompu et 100 signifie

Transparency international, une ONG qui œuvre pour la transparence et l'intégrité de la vie publique. De nombreux foyers de tensions (conflits armés) dans la région trouvent leurs origines dans la mal gouvernance et notamment la faiblesse de la pratique démocratique.

Par ailleurs, l'économie des Etats de la région est très peu diversifiée, la croissance économique des pays, comme celle de nombreux autres pays du continent africain, repose essentiellement sur les exportations des ressources naturelles brutes ou modestement transformées. L'Afrique centrale souffre de ce fait de « syndrome hollandais »[5]. Cette dépendance vis-à-vis des ressources naturelles rend la croissance fragile en raison de la volatilité des cours, de fluctuations des taux de change.

La mal gouvernance est ainsi un élément caractéristique des gouvernements des pays d'Afrique centrale. Cela est-elle le fait de la fameuse « malédiction de ressources naturelles » ou bien relève-t-elle d'un déficit de leadership ? C'est la question à laquelle le présent livre se propose de traiter.

---

qu'il est perçu comme très propre. Pour l'année 2013 par exemple, en Afrique centrale, le Tchad et la Guinée équatoriale ont un score de 19/100 et occupent 163e rang sur 177 pays classés ; le Burundi a un score de 21/100 (157e rang sur 177) ; la RDC et le Congo-Brazzaville ont 22/100 (154e rang) ; l'Angola a 23/100 (153e rang) ; le Cameroun et la RCA ont le même score que le Nigeria de 25/100 (144e rang), etc.

[5] Le « syndrome hollandais » étant un phénomène économique qui relie exploitation de ressources naturelles et déclin de l'industrie manufacturière locale. Inspirée du cas des Pays-Bas des années 1960, l'expression est utilisée par extension pour désigner les conséquences nuisibles provoquées par une augmentation importante des exportations de ressources naturelles par un pays.

1ère partie

L'AFRIQUE CENTRALE, UNE RÉGION AUX POTENTIALITÉS ENVIABLES

Chapitre 1 : Une région dotée d'abondantes ressources naturelles

De par l'abondance et la diversité de ses ressources naturelles, les pays de l'Afrique centrale possèdent un potentiel considérable dans de nombreux secteurs. Elle abrite le deuxième massif forestier tropical au monde après l'Amazonie. Sa diversité climatique en fait une zone propice à l'éclosion de nombreuses filières agricoles intensives.

Le FMI a identifié 20 pays d'Afrique subsaharienne comme étant « riches en ressources naturelles »[6]. Huit de ces pays sont en Afrique centrale : l'Angola, le Cameroun, le Congo, le Gabon, la Guinée équatoriale, la République centrafricaine, la RDC et le Tchad. « Ces pays sont ''dépendants des exportations'', ce qui signifie que plus d'un quart des recettes d'exportation provient des ressources minérales, ou ''financièrement dépendants'', dans la mesure où leurs gouvernements dépendent des

---

[6] FMI (2012), *Afrique subsaharienne: soutenir la croissance face à l'incertitude mondiale*, World Economic and Financial Surveys, FMI, Washington DC.
Les 20 pays identifiés comme riches en ressources naturelles sont : l'Afrique du Sud, l'Angola, le Botswana, le Cameroun, le Congo, le Gabon, le Ghana, la Guinée, la Guinée équatoriale, le Mali, la Namibie, le Niger, le Nigéria, la République centrafricaine, la RDC, le Sierra Leone, la Tanzanie, le Tchad, la Zambie et le Zimbabwe.

ressources minérales pour 20 % ou plus du revenu intérieur », a souligné un rapport d'*Africa Progress Panel*[7]. Beaucoup de ces pays d'Afrique centrale dépendent des ressources naturelles pour plus de la moitié de leurs recettes d'exportation. Ce sont, par exemple, les cas de la Guinée équatoriale, de la RDC, de l'Angola, du Tchad et du Gabon.

Un sous-sol très riche en minerais

Les pays d'Afrique centrale disposent d'un énorme potentiel minier encore peu valorisé. Le sous-sol de la région contient en effet une part enviable des ressources minérales mondiales, parmi lesquelles on trouve les six matières premières les plus échangées à la Bourse des métaux de Londres : l'aluminium, le cuivre, le plomb, le nickel, l'étain et le zinc.

D'autres minerais dont la région est un gigantesque réservoir sont : le manganèse, le fer, la bauxite, le cobalt, le potasse, l'uranium, l'or, l'argent, le diamant, la chaux et pierres (marbre, calcaire, pouzzolane), le tungstène, le niobium, etc.

Le Cameroun, par exemple, possède la sixième réserve mondiale de bauxite (non encore exploité). Le Gabon est le deuxième producteur mondial de manganèse avec 30% des réserves mondiales. Au niveau du fer, les réserves du Gabon, du Cameroun et du Congo sont respectivement évaluées à 1 milliard de tonnes, 800 millions de tonnes et 500 millions de tonnes de minerai mais avec des teneurs en fer différents. La RDC dispose d'importants gisements

[7] Africa Progress Panel, *Rapport 2013 sur les progrès en Afrique*, « Equité et Industries Extractives en Afrique. Pour une gestion au service de tous », Genève, 2013, 117 p.

de Cobalt et de Nickel, dont la mise en exploitation rationnelle pourrait permettre des alliages spécialisés.

Tableau n° 1 : Cartographie des ressources minières de quelques pays d'Afrique centrale

Pays	**Potentiel minier**
Angola	Cuivre, diamant, fer, manganèse, uranium, plomb, zinc, étain, titane, mercure, chrome, etc.
Cameroun	Bauxite, Uranium, Fer, Or, Disthène, etc.
Centrafrique	Diamant, Or, Uranium, Fer, Manganèse, Marbre, Disthène, etc.
Congo (Brazzaville)	Potasse, Cuivre, Diamant, Zinc, Or, Plomb, etc.
Gabon	Fer, Manganèse, Diamant, Zinc, Potasse, Baryte, Marbre, etc.
Guinée équatoriale	Fer or, uranium, diamants, colombite-tantalite, etc.
R.D. Congo	Cobalt, colombo-tantalite, niobium, or, diamant, uranium, manganèse, cuivre, cobalt,
Tchad	Uranium, Argile, Sable, Kaolin, Sel, Or, etc.

« Les matières premières tirées d'Afrique centrale ont toujours été essentielles au développement des industries de pointe en Occident : au XIXe siècle, le caoutchouc extrait des forêts tropicale entre dans la fabrication des premiers pneus ; durant la Première Guerre mondiale, le cuivre est utilisé pour produire des minutions et nul n'ignore plus que c'est l'uranium extrait à Shinkolobwe, au Katanga, qui permit aux Américains de fabriquer la première bombe atomique, devançant de peu les Allemands, qui, dans un entrepôt situé dans la Belgique occupée, s'étaient emparés d'un stock d'uranium... De nos jours encore (...), les ressources naturelles du Congo (cobalt, niobium, colombo-tantalite) sont essentielles au développement des industries de pointe – électronique, production d'ordinateurs, conquête de l'espace, etc. », a écrit Colette Braeckman[8], journaliste, écrivain et spécialiste de la région des Grands Lacs.

Cependant, ces ressources minières sont encore faiblement exploitées et peu valorisées. Les pays d'Afrique centrale ne tirent pas assez profit de ces importantes ressources qui sont exportées, en grande partie, à l'état de matières premières non transformées que dans la transformation pour plus de valeur ajoutée locale.

La sous-région CEMAC, par exemple, ne dispose que d'une seule unité de transformation métallurgique installée au Cameroun qui importe sa matière première, la bauxite, bien que ce pays dispose d'importants gisements, considérés comme la sixième réserve de bauxite au monde.

L'Afrique centrale dispose de deuxième massif forestier mondial : les forêts du bassin du Congo

L'Afrique centrale constitue un territoire d'une exceptionnelle biodiversité couvert en large partie par les

[8] Braeckman Colette, *Les nouveaux prédateurs. Politiques des puissances en Afrique centrale,* Paris, éditions Fayard, 2003, p. 34.

forêts du bassin du Congo, avec des écosystèmes abritant une grande variété de ressources naturelles. Ce patrimoine apparaît globalement bien préservé.

Les forêts du bassin du Congo contiennent, après celles de l'Amazonie, le deuxième plus grand massif de forêts tropicales denses et humides. Les 2/3 des plus de 200 millions d'hectares que couvrent ces forêts sont jugés productifs ou commercialement exploitables. Ainsi, la foresterie commerciale offre d'importantes opportunités de développement économique pour les pays du bassin.

Selon une évaluation[9], le secteur forestier contribue pour 3 à 8 % du produit national brut des États d'Afrique centrale et offre 20 % de l'emploi disponible. Il vient juste après le secteur minier et pétrolier. De surcroît, il génère indirectement un certain nombre d'emplois et d'opportunités de création de revenus dans les zones rurales et urbaines. Directement et indirectement, le secteur forestier contribue au développement socio-économique de l'Afrique centrale à travers la construction et la maintenance de route, ainsi que la création d'infrastructures locales de santé et d'éducation, associées aux concessions forestières.

Par ailleurs, le bassin du Congo joue un rôle primordial dans l'absorption des émissions de CO^2. Face à l'impact du changement climatique et à la nécessaire réduction des gaz à effet de serre, l'ambition serait de tirer une juste rémunération du double rôle de puits de carbone et de sanctuaire mondial de biodiversité de ces forêts.

---

[9] Le Partenariat pour les forêts du bassin du Congo, *Les forêts du bassin du Congo. Evaluation préliminaire,* 2005.

Tableau n° 2 : Estimation des surfaces couvertes par la forêt du bassin du Congo

Pays	**Superficie (en ha)**
Cameroun	19.091.044
Congo	21.278.180
Centrafrique	6.923.690
RDC	114.526.051
Gabon	22.505.397
Guinée équatoriale	2.120.060
Burundi	101.936
Rwanda	219.492
Total	**186.765.850**

Source : Verhegghen & Defourny, 2010 (cf. Rapport *Les forêts de Bassin du Congo. Etat des forêts 2010)*

Valeur économique de la forêt

Le bassin du Congo représente un potentiel économique considérable. Selon un Rapport de la CEMAC[10], il est possible de déterminer la valeur économique de la forêt, à partir d'une estimation de la

[10] *CEMAC 2025 : Vers une économie régionale intégrée et émergente*, Programme Economique Régional 2010-2015, Rapport final, Volume 1, octobre 2009, p. 49.

quantité de dioxyde de carbone (CO_2) captée et stockée par les arbres de la forêt pendant leur cycle de vie, et donc, en fonction du coût de la tonne de CO_2 sur le marché. La forêt du Bassin du Congo a une importante valeur économique liée au potentiel d'absorption du CO_2. Ainsi, la CEMAC « puits de carbone » représenterait jusqu'à 1,3 milliards d'euros (€) par an soit 853 milliards de FCFA par an, en se basant sur des estimations de prix de la tonne de CO_2 d'une étude de l'université de Leeds (Royaume Uni)[11].

Tableau n° 3 : Hypothèses de valorisation de CO_2

	Hypothèse basse	Hypothèse haute
Absorption nette de CO_2 (t/ha / an)	0,5	6
Absorption nette totale de CO_2 (millions t/an)	36	432
Valorisation du CO_2 à 3 €/t (millions d'€/an)	108	1 296

Source : Etude de l'université de Leeds (Royaume Uni)

Un Fonds pour la gestion rationnelle de la forêt du Bassin du Congo

Un fonds international, dénommé Fonds forestier du Bassin du Congo (FFBC) a été lancé en 2008. Co-présidé par l'ancien premier ministre Canadien, Paul Martin, et la

[11] L'évaluation de la capacité d'absorption varie selon les études.

Kenyane, Prix Nobel de la paix, Wangari Maathai, le FFBC est destiné à soutenir des projets qui visent à ralentir le rythme de la déforestation du Bassin du Congo afin, d'une part, de contribuer à lutter contre les changements climatiques, et d'autre part, à réduire la pauvreté pour plus de 50 millions de personnes vivant dans le Bassin du Congo. Avec les dotations initiales des gouvernements britannique et norvégien, le FFBC est doté de plus de 100 millions d'euros, dont la gestion est assurée par la Banque africaine de développement (BAD).

Terres arables abondantes : la région pourrait contribuer à nourrir le monde

A l'exception du Burundi et du Rwanda qui ont des superficies exigües et de très fortes densités de population, le reste des pays de la région sont sous peuplés : les densités de populations n'excèdent pas les 45 habitants au km2, voire en deçà de 15 habitants au km^2 pour beaucoup de pays (Centrafrique, Congo-Brazzaville, Gabon, etc.).

L'Afrique centrale est ainsi une des rares régions au monde où restent d'importantes superficies de terres arables. Elle abrite par ailleurs d'importantes ressources en eau (notamment le fleuve Congo). La région est dotée de conditions climatiques très favorables avec un climat tropical chaud et humide au sud et dans les zones côtières et un climat sahélien dans sa partie septentrionale.

Ces atouts dotent la région d'un très riche potentiel agricole qui peut être regroupé en deux grandes catégories de filières : les filières d'agriculture de rente (coton, cacao, café, huile de palme, hévéa, etc.) à vocation d'exportation et les filières de produits vivriers (céréales et tubercules, protéagineux, cultures maraîchères, etc.) orientées vers la consommation locale et le commerce régional.

Cette géographie particulièrement favorable a doté la région d'un potentiel agricole et forestier important et diversifié. Ce potentiel, quand bien même sous-exploité, fait de l'Afrique centrale ce que Armand Djimet-Baboun[12] qualifie de « l'Afrique des greniers » et de « l'Afrique des paniers ». Pour cet auteur, *l'Afrique des greniers*, ce sont les pays de savanes rythmés par l'alternance des saisons sèches et humides, favorables aux céréales (les mils ou millets, le maïs, le riz, etc.). *L'Afrique des paniers*, quant à elle, est l'Afrique forestière humide, à faible densité souvent, à terre abondante où le potentiel écologique permet une grande variété de cultures, notamment celles des racines, des tubercules (manioc, igname, taros), des bananes plantains.

La fertilité des terres de la région n'échappe à personne au point que Colette Braeckman qualifie la terre arable congolaise (RDC), par exemple, de « terre de rêve » et souligne : « Le Congo est riche aussi de son immense potentiel en terres arables, des terres sous-peuplées (la densité moyenne ne dépasse pas 26 habitants au kilomètre carré). En certains endroits, sans engrais, il est possible de réaliser trois récoltes par an ! »[13].

Pétrole et gaz : réserves importantes

Comme les ressources sus-abordées, l'Afrique centrale dispose d'importantes réserves en pétrole et en gaz. La

[12] Djimet-Baboun Armand, *Agriculture et développement dans le monde*, Paris, éditions Ellipses, 2006, pp. 97-98.

[13] Braeckman Colette, *Les nouveaux prédateurs. Politiques des puissances en Afrique centrale,* Paris, éditions Fayard, 2003, p. 181.

plupart des pays de la région sont aujourd'hui producteurs du pétrole : des 11 pays sur lesquels porte notre étude, seuls trois (RCA, Burundi et Rwanda) ne produisent pas le pétrole en 2013.

Selon une estimation, la Guinée équatoriale et l'Angola en Afrique centrale, avec le Nigeria, détiendraient à eux seuls 15% de réserves pétrolières mondiales dont le coût d'extraction est nettement plus compétitif par rapport aux réserves du Moyen-Orient.

Pour la CEMAC, les réserves sont évaluées à 52,4 milliards de barils de pétrole et à 302 milliards de m3 de gaz en 2007. Le potentiel de ces deux produits est certainement sous-estimé en raison de la faiblesse d'exploration et notamment les ressources gazières qui se composent des gisements répertoriés de gaz naturel et de gaz associé aux gisements de pétrole jusqu'ici brulé en torchères. Pour le pétrole, il y'a des indices de présence dans l'offshore profond qui paraissent prometteurs, mais leur exploitation en cas de découvertes suppose une reprise des cours du pétrole à un niveau élevé. De ce fait, il est important d'optimiser l'utilisation les revenus tirés de leur exploitation.

L'un des plus petits producteurs de pétrole de la région, le Tchad, qui produit en moyenne 120.000 barils par jour en 2012, ouvre en juin 2013 un nouveau champ à Badila, dans le sud du pays, avec la grande satisfaction des hautes autorités de ce pays enclavé, comme le témoigne la déclaration du président Idriss Déby lors de la cérémonie d'ouverture du champ : « Ce pétrole va nous amener beaucoup de revenus, il va booster notre économie et nous aider à lutter contre la pauvreté ».

Le géant pétrolier de la région est l'Angola qui pompe près de deux millions de barils par jour. Il est le deuxième plus gros producteur de brut du continent, derrière le

Nigeria. L'Angola a par ailleurs débuté en juin 2013 la production et l'exportation du gaz naturel liquéfié avec le départ d'un premier navire méthanier de l'usine de Soyo, dans le nord du pays, vers le Brésil. Un projet qui a nécessité 10 milliards de dollars d'investissement et devra permettre au pays de produire et commercialiser 5,2 millions de tonnes de gaz naturel liquéfié par an pendant 25 à 30 ans.

Tableau n° 4 : Les 5 premiers pays pétroliers de l'Afrique centrale (2012)

Pays	**Production (baril/jour)**
Angola	1 900 000
Congo-Brazzaville	300 000
Guinée équatoriale	260 000
Gabon	240 000
Tchad	120 000

Sources : Data Les Echos / Index Mundi

Grand potentiel en énergie, mais inexploité !

L'Afrique centrale dispose des atouts nécessaires pour développer une offre d'électricité compétitive, peu chère et durable, et cela, à travers un mix énergétique composé d'hydroélectricité, de thermique gaz, complétée par l'exploitation de l'abondante biomasse forestière et le solaire.

Le fleuve Congo, un potentiel considérable en hydro-électricité

Le barrage Grand Inga, – avec un débit de 43 000 m^3 par seconde et un dénivelé de 100 m sur 12 km –, une zone du fleuve Congo, pourrait jouer un rôle d'électrification majeur pour la région et même au-delà, tant sa capacité estimée à 40.000 MW est équivalente à une quarantaine de centrales nucléaires ! Cet ouvrage dont on parle depuis des décennies est, jusqu'à présent, resté un serpent de mer.

L'espoir est peut-être permis par l'intérêt de l'Afrique du Sud pour ce projet. En effet, Pretoria et Kinshasa ont signé, en mars 2013, un protocole d'accord pour la construction d'Inga 3, le premier des six barrages formant le complexe du Grand Inga.

Un rapport[14] renseigne par ailleurs de l'énorme potentiel hydroélectrique en zone CEMAC, évalué à 33 GW. Ce qui fait de cette sous-région le troisième potentiel en Afrique après celui de la RDC (Inga) et de l'Ethiopie (barrage « Grande renaissance » sur le Nil Bleu). Mais moins de 3% de ce potentiel hydroélectrique est aujourd'hui exploité avec une capacité installée de 1 009 MW sur les 33 GW de potentiel hydroélectrique.

Certains projets transfrontaliers comme le barrage de Chollet sur le Dja à la frontière du Cameroun et du Congo, proposé par le Congo dans le cadre du Pool Energétique

---

[14] *CEMAC 2025 : Vers une économie régionale intégrée et émergente*, Programme Economique Régional 2010-2015, Rapport final, Volume 1, octobre 2009, 136 p.

d'Afrique Centrale (PEAC), s'inscrivent dans une optique d'intégration régionale. Seulement, ces types de projets sont rares. Il faut de la volonté politique au niveau régional en vue de la mutualisation des moyens pour démultiplier des projets transfrontaliers, développer des interconnexions électriques à l'effet de réduire la pénurie d'énergie dont souffre l'économie de la région car sans électricité, pas de création de richesses, pas de développement.

La Charte sur les ressources naturelles : un outil qui pourrait permettre aux Etats et populations de tirer profit de ces abondantes ressources

La Charte sur les ressources naturelles[15] est une initiative mondiale conçue afin d'aider les gouvernements et sociétés à profiter efficacement des opportunités créées par les ressources naturelles. Elle offre douze préceptes (voir encadré n° 1) pour une prise de décision informée et pour une amélioration de la gestion des ressources naturelles. Elle aidera à assurer que les opportunités offertes par de nouvelles découvertes et les hausses brusques de produits ne seront plus jamais manquées, et c'est important car il pourrait ne plus jamais y avoir une telle opportunité, et un tel besoin de développement que dans la génération actuelle.

[15] Elaborée en juin 2012. Les rédacteurs de la Charte sont un groupe indépendant composé des principaux experts de l'extraction de ressources naturelles économiquement durable, rassemblés par Paul Collier, Directeur du Centre pour l'étude des économies africaines à l'Université d'Oxford.

Encadré n° 1 : Les 12 préceptes de la Charte sur les ressources naturelles

Précepte 1 : Le développement des ressources naturelles d'un pays doit être conçu pour garantir les bénéfices sociaux et économiques les plus importants pour sa population.
Cela nécessite une approche complète dans laquelle toutes les étapes de la chaîne de décisions sont comprises et traitées.
Précepte 2 : Une gestion des ressources naturelles réussie nécessite une responsabilité du gouvernement envers un public informé.
Précepte 3 : Les politiques budgétaires et les conditions contractuelles doivent s'assurer que le pays bénéficie entièrement de la ressource, sous réserve d'attirer les investissements nécessaires pour réaliser ce bénéfice.
La nature à long terme de l'extraction de ressources nécessite des politiques et contrats solides afin de résister aux circonstances qui évoluent et sont instables.
Précepte 4 : La concurrence dans l'attribution des contrats et des droits en matière de développement peut constituer un outil efficace pour garantir une valeur et intégrité maximales.
Précepte 5 : Les projets impliquant les ressources peuvent avoir des impacts économiques, environnementaux et sociaux significativement positifs ou négatifs, qui doivent être identifiés, explorés, pris en compte, minimisés ou rémunérés à tous les stades du cycle de projet. La décision d'extraire doit être examinée attentivement.
Précepte 6 : Les sociétés de ressources possédées nationalement doivent opérer de manière transparente avec pour objectif de devenir viables commercialement dans un environnement compétitif.

Précepte 7 : Les revenus issus des ressources doivent être principalement utilisés pour favoriser une croissance économique durable et complète en permettant et maintenant des niveaux élevés d'investissements dans le pays.
Précepte 8 : L'utilisation efficace des revenus issus des ressources requiert que les dépenses et investissements nationaux augmentent progressivement et soient lissés afin de tenir compte de la volatilité des revenus.
Précepte 9 : Le gouvernement doit utiliser la richesse des ressources comme une opportunité d'augmenter l'efficacité et l'équité des dépenses publiques et de permettre au secteur privé de répondre aux changements structurels de l'économie.
Précepte 10 : Le gouvernement doit faciliter les investissements du secteur privé aux niveaux nationaux et locaux dans un but de diversification, ainsi que dans le but d'exploiter les opportunités de valeur domestique ajoutée.
Précepte 11 : Les gouvernements du pays d'origine des sociétés d'extraction et les centres de capitaux internationaux doivent exiger et faire appliquer des pratiques exemplaires.
Précepte 12 : Toutes les sociétés d'extraction doivent suivre ces pratiques exemplaires au niveau des contrats, des opérations et des paiements.

Source : www.naturalresourcecharter.org

Chapitre 2 : Une croissance économique forte et soutenue mais sans impact social

L'Afrique en général et l'Afrique centrale en particulier est en train de prendre une nouvelle place sur l'échiquier mondial. On observe des mutations importantes sur le continent. La décennie 2000-2010 avec le contexte de remonter de cours des matières premières ont été très bénéfiques pour l'Afrique centrale notamment. La région a ainsi rompu avec la période d'années de récession des années 1980 qui a été celle des années dures des politiques d'ajustement structurel. Avec une nouvelle configuration internationale marquée par l'influence grandissante des pays émergents, la région tire davantage partie de cette nouvelle position.

Cependant, pour la région Afrique centrale, on peut déplorer ce qui est communément appelé « la malédiction des matières premières ». En effet, si on observe que les choses changent dans beaucoup de régions du continent où on voit émerger des gouvernements de plus en plus soucieux de meilleure gestion de leurs rentes, notamment vis-à-vis des populations, ce n'est guère le cas en Afrique centrale. L'espoir est peut-être permis par le fait qu'on assiste aujourd'hui à l'émergence de la société civile, les dirigeants font de plus en plus face à des citoyens mieux informés, mieux formés, plus exigeants vis-à-vis des élites politiques et qui demandent plus en matière de services, d'Etat, de sécurité. Il y a une promesse d'une meilleure gestion de cette rente dont on peut espérer qu'elle serve un peu plus, dans les années à venir, le développement et un peu moins des intérêts particuliers.

Des indicateurs macro-économiques au vert

L'Afrique centrale est devenue durablement l'une des régions les plus dynamiques du continent. La croissance moyenne du PIB dans cette région est en moyenne supérieure à 6% et restera élevé dans les années qui viennent, d'après un rapport[16] du FMI. Les pays qui ont les meilleurs taux de croissance sont ceux riches en ressources naturelles et notamment pétroliers. Entre 2000 et 2011, la Guinée équatoriale a été l'économie ayant la croissance la plus rapide du monde, avec une croissance de la production atteignant une moyenne de 17 %. L'Angola et le Tchad en Afrique centrale se trouvaient également dans le haut du classement. En 2012, l'Angola est un des pays du continent ayant surpassé la Chine.
Les pays à revenu faible, les plus pauvres, n'en sont pas en reste : c'est le cas, par exemple, du Rwanda qui a aussi un taux de croissance élevé (6 à 8%) ces dernières années.

[16] Rapport FMI 2013, « Perspectives de croissance économique en Afrique Subsaharienne, une croissance toujours plus forte et va continuer de l'être dans les années à venir », Washington, 2013.

Tableau n° 5 : Croissance de richesses de certains pays de la région (2000-2011)

	Augmentation du revenu par habitant (%)	**Croissance annuelle moyenne du PIB (%)**
Guinée équatoriale	272	16.9
Angola	111	10.0
Tchad	79	8.3
RDC	26	4.1
Congo	23	4.8
Cameroun	13	3.4
Gabon	6	2.2
Rép. Centrafricaine	-6	0.9

Source : Banque mondiale (2013), PovCal et Indicateurs du développement dans le monde

Des pays s'enrichissent et changent de catégories

Malgré une forte croissance démographique, le revenu moyen a augmenté dans la plupart des pays d'Afrique centrale.

Un rapport d'*Africa Progress Panel*[17] note que les hausses du revenu moyen ont poussé de nombreux pays riches en ressources naturelles vers les seuils qui séparent les pays pauvres des pays riches, voire au-dessus. De ce fait, et en se référant à la classification des pays, par catégorie, de la Banque mondiale[18], dans les années 2000, le Cameroun est passé de la catégorie faible revenu à revenu moyen inférieur ; l'Angola et le Gabon se trouvent dans la catégorie à revenu moyen supérieur ; et avec un revenu moyen de 27.478 dollars US en 2012, la Guinée équatoriale se classe dans la catégorie des pays à revenu élevé.

La conjoncture est favorable pour l'ensemble des pays de la région, mais les gains ont été plus élevés pour les pays exportateurs de pétrole. Les performances permettent de répartir les pays en deux catégories :
- les pays à fort niveau de croissance du PIB sont le Tchad, la Guinée équatoriale, l'Angola, le Congo (Brazzaville), etc.;
- les pays à niveau de croissance stable ou modéré sont le Cameroun, la Centrafrique, le Gabon, la RDC.

---

[17] Africa Progress Panel, *Rapport 2013 sur les progrès en Afrique*, « Equité et Industries Extractives en Afrique. Pour une gestion au service de tous », Genève, 2013, 117 p.
L'Africa Progress Panel (APP) est un groupe de 10 personnalités éminentes issues des secteurs privé et public, qui se mobilisent en faveur d'une responsabilité partagée entre les dirigeants africains et leurs partenaires internationaux afin de promouvoir un développement équitable et durable pour l'Afrique. L'APP est présidé par l'ancien Secrétaire général des Nations unies et prix Nobel de la paix, Kofi Annan.

[18] La Banque mondiale classe les pays dans les catégories suivantes : faible revenu (revenu par habitant jusqu'à 1.025 US$), revenu moyen inférieur (de 1.026 à 4.035 US$), revenu moyen supérieur (de 4.036 à 12.475 US$) et revenu élevé.

Ces performances, comme le soulignait une agence des Nations unies[19], sont expliquées par une série de facteurs dont les plus significatifs sont : (i) la stabilité politique avec une consolidation du processus de la paix dans les pays ayant connu de longues périodes de conflits armés ; (ii) le redressement des cours de la plupart des produits de base exportés par la région ; (iii) l'approfondissement des réformes structurelles avec les nouveaux cycles de programmes d'ajustement ; (iv) le bénéfice de mesures concessionnelles sur la dette publique extérieure dans le cadre de l'initiative pour les Pays Pauvres Très Endettés (PPTE), et une reprise des investissements publics dans les secteurs sociaux.

Le supercycle des matières premières, principal facteur de cette forte croissance économique

« Le supercycle des matières premières » est la période durant laquelle la tendance des prix à la hausse dure beaucoup plus longtemps que d'habitude (entre 10 et 35 ans) et couvre une large variété de produits[20].

En effet, comme le fait remarquer un rapport d'*Africa Progress Panel*[21], les prix des matières premières ont augmenté de manière spectaculaire depuis 2000. Briève-

---

[19] Commission Economique pour l'Afrique – Bureau Afrique Centrale, *Les économies de l'Afrique centrale*, Paris, éditions Maisonneuve et Larose, 2005, p. 13.

[20] Erten, B. et J.A. Ocampo (2012), Super-cycles of commodity prices since the mid-nineteenth century, document de travail du DAES, n° 110, Département des affaires économiques et sociales des Nations Unies, New York, consulté le 16 avril 2013, www.un.org/esa/desa/papers/2012/wp110_2012.pdf

[21] Africa Progress Panel, *op. cit.*, p. 39.

ment interrompu par la crise financière mondiale et une baisse modérée en 2011, le mouvement ascendant des marchés internationaux dure depuis plus d'une décennie (13 ans). Peu d'indices laissent entrevoir l'imminence d'une récession.

Les pays émergeants tirent vers le haut l'Afrique et la région notamment

Le principal moteur de l'envolée des prix est la croissance des marchés émergents, en particulier la Chine.

Selon le rapport d'Africa Progress Panel (suscité), la demande chinoise en ressources a eu des effets à la fois directs et indirects sur l'Afrique. Des entreprises chinoises ont établi leurs activités en Afrique, utilisant les investissements étrangers pour rechercher des minerais et du pétrole. La croissance très gourmande en ressources de la Chine a permis de stimuler les investissements qui intègrent l'Afrique aux marchés internationaux.

« Le commerce africain a connu un net rebond après la crise économique et financière. Les exportations et les importations de la région croissent fortement, grâce notamment à la forte intensification des échanges entre l'Afrique et les économies émergentes, la Chine et l'Inde en particulier », relève la CEA[22]. La Chine est devenue un

---

[22] Rapport économique sur l'Afrique 2013, « *Tirer le plus grand profit des produits de base africains: l'industrialisation au service de la croissance, de l'emploi et de la transformation économique* », Commission économique des Nations Unies pour l'Afrique (CEA), Addis-Abeba, 2013, 256 p.

partenaire commercial stratégique de l'Afrique, réduisant l'influence des partenaires traditionnels que sont l'Union européenne et les Etats-Unis. Ces trois économies (la Chine, les Etats-Unis et l'Union européenne) absorbent plus de 60 % des exportations de l'Afrique et sont la source de plus de 50 % de ses importations.

Une forte croissance économique sans impact social : la « malédiction des ressources naturelles » ?

La forte croissance économique des pays d'Afrique centrale ne contribue pas à la transformation structurelle et ne réduit pas souvent l'extrême pauvreté. La majeure partie des pays sont en queue de peloton du classement du PNUD d'indicateur de développement humain (IDH).

Cet indicateur intègre trois données essentielles : d'abord l'espérance de vie à la naissance ; ensuite l'alphabétisation des adultes et la moyenne d'années d'études ; enfin le revenu par habitant calculé à parité de pouvoir d'achat. Le premier critère, en corrélation statistique étroite avec la mortalité infantile est représentatif de l'état sanitaire de la population. Le second traduit l'importance à accorder, pour mesurer le développement humain, aux données non strictement biologiques, mais culturelles ; il exprime aussi le fait que, si savoir lire et écrire constitue un élément de qualité de vie et est à ce titre un indicateur pour mesurer le développement, c'est aussi un facteur de développement puisque cela ouvre la connaissance et augmente la productivité. La troisième donnée rappelle que le revenu calculé à parité de pouvoir d'achat reste un chiffre d'une grande signification. La combinaison de ces trois critères permet d'établir un classement des Etats sur une échelle de

0 (développement humain de plus faible) et 1 (développement humain maximum).

Tableau n° 6 : Indicateur de développement humain des pays d'Afrique centrale (2012)

Pays	Rang sur 187	Valeur
Gabon	106	0,683
Guinée équatoriale	136	0,554
Congo-Brazzaville	142	0,534
Sao Tomé et Principe	144	0,525
Angola	148	0,508
Cameroun	150	0,495
Rwanda	167	0,434
Burundi	178	0,355
Centrafrique	180	0,352
Tchad	184	0,340
RD Congo	186	0,304
	MOYENNE	0,462

Source : Rapport PNUD 2013 sur le développement humain

Nombre de pays de la région (l'Angola, le Gabon, la Guinée équatorial, le Cameroun…) sont confrontés au paradoxe socio-économique d'appartenir, de par leur PIB par habitant, au groupe des Pays à Revenus Intermédiaires (PRI) tout en s'apparentant, de par leurs indicateurs sociaux, au groupe des Pays les Moins Avancés (PMA). Cet état de fait soutient ce qu'a relevé le rapport de la Fondation de l'ancien Secrétaire général des Nations unies, Kofi Annan : « en théorie, la richesse tirée des ressources naturelles devrait renforcer la croissance économique, donner aux gouvernements la possibilité de soutenir le développement humain, et créer des emplois. En pratique, elle a souvent conduit à la pauvreté, aux inégalités et à de violents conflits. Ces symptômes ont été largement attribués à ce qu'on appelle la "malédiction des ressources naturelles" ou les "pièges de la pauvreté liés aux ressources naturelles" »[23].

Ressources naturelles et développement

Dans des pays comme le Bostwana, l'Afrique du Sud, la Libye (sous Kadhafi), les ressources naturelles (minières et pétrolières) ont contribué au développement. Dans ces pays, les succès peuvent être attribués à une amélioration de la gestion des ressources naturelles, à des pratiques saines en matière de gouvernance, à l'installation d'infrastructures adéquates ou encore à la mise en place d'un environnement favorable aux affaires. C'est loin d'être le cas en Afrique centrale.

Qu'est-ce qu'il faut faire pour que cette croissance soit davantage partagée (redistribuée) pour que les populations en récoltent les fruits ?

Une solution possible, c'est de favoriser le développement rural. En effet, la majorité des populations (60 à 70%) des pays d'Afrique centrale vivent en zones rurales et celles-ci ont comme activité l'agriculture. Il faut favoriser les infrastructures, les routes, etc. L'électrification rurale, par exemple, peut jouer un grand rôle en réduisant la pauvreté rurale et à mieux partager la croissance dans les pays de la région.

Comme nous l'avons indiqué plus haut, l'intérêt manifeste dans les abondantes ressources de la région est dû à la croissance économique et à la demande en énergie fossile et en minerais des pays émergents. Les dirigeants des pays de la région doivent réfléchir sur la manière dont

23 Africa Progress Panel, *op. Cit.*, p. 14.

ils peuvent mieux équilibrer les ressources pour un développement effectif. A cet effet, des efforts de collaboration sont nécessaires entre les parties prenantes principales – gouvernements, entreprises, organisations de la société civile et communautés locales – pour que les ressources naturelles permettent un développement socio-économique au bénéfice des populations, en tirant les leçons des expériences passées lors des fluctuations de l'économie des années 1980.

Une baisse de la dépendance envers l'aide extérieure

La dépendance de la région Afrique centrale envers l'aide extérieure a été considérablement réduite au cours de la décennie 2000. La CEMAC, par exemple, est la région la moins endettée du continent en 2011 alors qu'elle était la plus endettée en 2000, comme l'indique le tableau 7, ci-après.

Dans l'espace CEEAC, l'Angola, par exemple, a fait passer sa dépendance envers l'aide de près de 4 % à moins de 1%. En République du Congo, une mission du FMI à Brazzaville, en novembre 2013, constate que la performance macro-économique de ce pays est globalement satisfaisante. Plus que sur la production pétrolière, le FMI compte sur l'essor de l'agriculture et de la construction pour booster la croissance. L'inflation est, selon les experts du FMI, sous contrôle et la dette extérieure est, à la date de la mission, inférieure à 30% du PIB.

A contrario, les pays en situation de conflit ou post-conflit (la RDC, la RCA) continuent d'avoir une dépendance envers l'aide extérieure élevée et en hausse. En dépit de ses immenses richesses minières, la R.D.

Congo dépend de l'aide extérieure pour environ un tiers de son PIB, relève le rapport d'Africa Progress Panel[24].

Tableau n° 7 : Évolution de la dette extérieure (en % du RNB)

	2000	2005	2010	2011
Afrique	53,5	33,9	23,1	20,6
Afrique centrale (CEMAC)	112,8	54,3	17,0	14,3
Afrique de l'Est	88,0	62,6	31,4	32,3
Afrique du Nord	41,8	29,0	20,8	15,6
Afrique australe	34,5	25,9	27,9	26,7
Afrique de l'Ouest	94,3	41,3	16,9	16,2

Source: Calculs établis d'après World Development Indicators (2012) de la Banque mondiale.

Perspectives prometteuses : l'Afrique centrale attire des IDE

L'Afrique fait partie des deux seules régions au monde où les investissements directs étrangers ont augmenté en 2012. Selon un Rapport de la CNUCED[25], les flux mondiaux d'investissements directs étrangers (IDE) ont diminué de 18% en 2012, pour s'établir à 1.350 milliards de dollars US. Les pays en développement ont accueilli, en 2012, le plus d'IDE, et ceci pour la première fois dans l'histoire, absorbant davantage d'IDE que les pays développés, à savoir 52% des flux mondiaux. Le rapport

[24] Africa Progress Panel, *op. Cit.*, p. 46.

[25] Rapport sur l'investissement dans le monde 2013 « Les chaînes de valeur mondiales : L'investissement et le commerce au service du développement », Conférence des Nations Unies sur le Commerce et le Développement (CNUCED).

note que les flux d'IED vers l'Afrique subsaharienne ont quant à eux augmenté de 5%, se situant à 50 milliards de dollars.

Le renforcement des relations commerciales et d'investissement avec les économies émergentes (le Brésil, l'Inde, le Brésil, les monarchies du Golf...), aident les pays d'Afrique subsaharienne et centrale notamment à diversifier leurs sources de capitaux et à attirer des investissements directs étrangers vers les secteurs de l'infrastructure et de produits autres que les produits de base (commerce général, montage d'automobile, pharmaceutique...).

Chapitre 3 : Manifestation de volonté de planification du développement et de renforcement de l'intégration régionale

A/ La velléité de planification du développement

Il est temps pour la région de commencer à planifier son développement. Elle a une longueur de retard par rapport à d'autres communautés économiques régionales (la SADC, la CEDEAO...).

A l'échelle étatique, le Botswana, par exemple, a une longue tradition de planification de son développement, avec la mise en place de dix *National Development Plans* (NDP)[26] successifs depuis l'indépendance. Plus que de simples listes d'objectifs budgétaires gouvernementaux, il s'agit des cadres de coopération avec le secteur privé et les ONG. Le dixième plan (2009-2016), également désigné NDP-10 comporte notamment des initiatives en matière de diversification économique, développement rural et contrôle de l'épidémie de VIH/Sida.

Quelques initiatives laissent entrevoir la volonté des pays et communautés économiques d'Afrique centrale de rompre avec le pilotage à vue de l'économie sans vision prospective. On observe ces dernières années une certaine

[26] Traduit en français : Plan national de développement.

volonté de politique de planification du développement aussi bien au niveau étatique que communautaire. Nous pourrions citer entre autres : « Plan Stratégique Gabon Emergent (PSGE) - Vision 2025 », « Vision Burundi 2025 », « Programme Economique Régional (PER) - CEMAC 2025 ».

Plan Stratégique Gabon Emergent (PSGE) - Vision 2025

« Le Gabon Emergent que je vous propose sera un pays bien gouverné, respectueux des droits de tous ; un pays pleinement inséré dans les réseaux mondiaux d'échanges d'idées, des biens et des capitaux enfin un pays où chaque Gabonaise, chaque Gabonais disposera de revenus lui permettant de se prendre dignement en charge, d'un habitat décent et d'une bonne couverture sanitaire et sociale.

Le Gabon peut, grâce à ses ressources et à ses compétences, changer en une génération le niveau de vie de tous ses citoyens. Il ne s'agit pas d'une vue de l'esprit mais d'un engagement ferme et irrévocable. (…) », a ainsi exprimé, le président gabonais, Ali Bongo, sa vision du PSGE[27].

Le PSGE, conçu en 2011, décline trois défis majeurs pour le Gabon d'aujourd'hui : (i) accélérer la croissance économique et en diversifier les sources ; (ii) réduire la pauvreté et les inégalités sociales ; et (iii) assurer une gestion durable des ressources pour les générations futures.

---

[27] En préface de *Plan Stratégique Gabon Emergent, Vision 2025 et orientations stratégiques 2011-2016*, 2012, p.2.

Quelques éléments du Plan sont ci-après présentés :

Les infrastructures. Conscient que les infrastructures constituent un élément déterminant de compétitivité, le Plan Stratégique Gabon Emergent prévoit un effort massif de développement des infrastructures, qui se décline à travers trois objectifs stratégiques: (1) désenclaver le Gabon et moderniser les infrastructures de transport (2) développer une offre d'électricité durable, diversifiée et accessible pour tous, (3) construire des infrastructures numériques de rang mondial.

L'industrie. L'ambition, à travers la stratégie nationale d'industrialisation, consiste à définir un agenda d'industrialisation du Gabon. Cet agenda indique la stratégie de remontée de la chaîne de valeur ou de développement de la sous-traitance industrielle dans les hydrocarbures, les mines et la métallurgie, l'industrie agro-alimentaire, la pêche et le bois, de même que les pôles industriels à mettre en place sur l'ensemble du territoire pour le développement de grappes sectorielles intégrées. La mise en œuvre de cet agenda fera l'objet d'un véritable partenariat et d'une concertation étroite entre le secteur public et le secteur privé.

Les services. Le PSGE entend faire du Gabon à l'horizon 2025, un pôle dynamique de services à valeur ajoutée et un pôle régional d'excellence dans le tourisme, la formation technique supérieure, les services numériques, les nouveaux services de l'économie verte, les services financiers, la santé et l'immobilier.

Dans le secteur de tourisme, le Gabon entend développer l'écotourisme et le tourisme d'affaires. Dans le premier cas, le potentiel du pays, selon le Plan, est lié à son extraordinaire forêt tropicale humide, la mieux préservée des phénomènes de déforestation et de dégradation du fait, entre autres, de la très faible pression de la population sur les ressources forestières. Dans le second volet, celui du tourisme d'affaires, les autorités entendent mettre l'accent sur l'offre d'hébergement de qualité aux prix compétitifs, faciliter l'accès (notamment aérien) à destination du Gabon et de certains sites touristiques de qualité qui sont enclavés, etc.

L'économie numérique. Le Plan prévoit la mise en œuvre d'infrastructures numériques pour d'une part, insérer le pays au cœur de la société de l'information et de la communication et d'autre part, accompagner la modernisation de l'économie gabonaise. Les usages du numérique devront se développer au meilleur coût. Le Gouvernement ambitionne inclure une dimension numérique dans toutes les politiques publiques.

Le partage (supposé) équitable des fruits de la croissance. L'objectif fondamental du Gabon Emergent, selon les autorités gabonaises, est d'améliorer les conditions de vie des populations. Le partage des fruits de la croissance sera, selon le document, réalisé à travers les leviers suivants : (i) la mise en place des services de santé de qualité pour tous, (ii) la garantie de l'accès universel à l'eau potable et aux services d'assainissement, (iii) la facilitation de l'accès à un logement décent pour tous, (iv) la promotion de l'emploi et la lutte contre l'exclusion, et (v) la valorisation du patrimoine culturel et la facilitation de l'accès des populations aux services culturels.

Vision Burundi 2025

La Vision « Burundi 2025 », quant à elle, a pour but de « doter le Burundi d'un efficient instrument de planification du développement à l'horizon d'une génération, afin d'élaborer des politiques et stratégies pour un développement durable. Cette Vision a été élaborée sur la base d'une approche participative et reflète un consensus national »[28].

La Vision repose sur huit piliers qui, selon les concepteurs, permettront au Burundi de marquer une rupture profonde avec des tendances négatives du passé pour s'engager résolument sur la voie du développement durable. Ces piliers sont :

Pilier 1 : La bonne gouvernance et le renforcement des capacités de l'Etat. Il vise à promouvoir un leadership fort à tous les niveaux de l'appareil de l'Etat.

Pilier 2 : Le capital humain. L'ambition est de fournir une qualité de vie meilleure à la population d'une part et compter sur une population éduquée et jouissant d'une bonne santé d'autre part.

Pilier 3 : La croissance économique et la lutte contre la pauvreté. Il consisterait à promouvoir une croissance économique accélérée et à deux chiffres, en mettant l'accent d'une part sur le secteur productif diversifié et compétitif sur le plan intérieur et extérieur et, d'autre part, sur le secteur agricole modernisé afin d'en accroître la productivité et d'assurer la transformation et la commercialisation des produits agricoles. Il repose également sur les secteurs porteurs de croissance tels que le tourisme, l'artisanat, les mines et les nouvelles technologies de la communication (TIC) seront développés. Ces activités permettront l'industrialisation du pays afin de lui permettre d'être compétitif sur le marché sous-régional.

[28] Extrait du document *Vision Burundi 2025,* Ministère du Plan, juin 2011.

Pilier 4 : Intégration régionale. Il vise – par son appartenance à la CEPGL, au COMESA et à la CEEAC – à tirer profit de l'intégration régionale pour accroitre et diversifier l'économie Burundaise.

Pilier 5 : La démographie. Il consisterait à mettre en place une politique démographique agressive afin de limiter le taux de croissance démographique à 2% à l'horizon 2025.

Pilier 6 : La cohésion sociale. Le pays ayant connu des conflits inter-ethniques, la Vision « Burundi 2025 » fait de la cohésion sociale un élément indispensable pour mobiliser et engager les énergies de l'ensemble de la population vers la réalisation d'un futur partagé et d'un meilleur avenir pour elle et pour les générations futures, dans un esprit d'unité et de solidarité.

Pilier 7 : L'aménagement du territoire et l'urbanisation. Il vise à mettre en place une politique volontariste de villagisation et d'urbanisation permettant d'accroître sensiblement le taux d'urbanisation à 40%. L'aménagement du territoire est présenté comme un axe important de la Vision « Burundi 2025 ». Lié avec la politique de développement économique et social, il aura pour objectif l'organisation et la gestion de l'espace national. L'aménagement du territoire permettra en outre de dégager des terres nécessaires à la modernisation et à l'accroissement de la production agricole et à sa transformation.

Pilier 8 : Le partenariat. Il consisterait à créer des synergies entre les différents acteurs au développement et promouvoir un cadre propice au dialogue et à la concertation dans le processus de planification du développement, de financement et de mise en œuvre de la Vision. Pour les autorités, la mise en œuvre de Burundi 2025 passe par la mise en place d'un partenariat dynamique et des mécanismes de coordination entre le Burundi et ses partenaires bilatéraux et multilatéraux au développement, les organisations de la société civile, du secteur privé et des confessions religieuses.

Programme Economique Régional (PER) - CEMAC 2025

La CEMAC s'est définie une vision : « faire de la CEMAC en 2025 un espace économique intégré émergent, où règnent la sécurité, la solidarité et la bonne gouvernance, au service du développement humain ».

Les chefs d'Etat de la CEMAC ont adopté, lors de la conférence de Bangui, en janvier 2010, le Programme Economique Régional (PER) dont la vision est de faire des pays de la CEMAC à l'horizon 2025 des pays émergents. Ce programme qui est un élément essentiel du grand chantier de réforme de la sous-région vise à permettre aux pays de la CEMAC de diversifier leurs économies et d'avoir une croissance forte et durable.

L'ambition affichée est de faire de la Communauté économique et monétaire de l'Afrique centrale (CEMAC) une puissance énergétique, une puissance verte et un pôle métallurgique.

Le diagnostic des sources de croissance a permis d'identifier cinq moteurs de croissance, dans lesquels la CEMAC a vocation à devenir un grand acteur régional et mondial : l'énergie, l'agro-industrie, l'économie forestière, l'élevage et la pêche, et les mines et la métallurgie.

Quelques-uns de ces moteurs sont succinctement déclinés ci-après :

L'agriculture. Le grand défi que s'est fixé la CEMAC est de devenir une « puissance agricole verte » fondée sur une agroforesterie durable.

La stratégie pour développer l'agriculture et en faire un moteur de croissance pour la CEMAC s'appuie, selon le PER, sur quatre leviers : (i) l'aménagement des terres, (ii) la modernisation et l'intensification des filières agricoles, (iii) l'investissement et le partenariat de grandes sociétés agroalimentaires ayant une excellente maitrise des grands marchés de produits agricoles (iv) la mise en place de technopôles comme éléments structurant des chaînes de valeurs agricoles.

L'économie forestière. L'exploitation de la forêt en Afrique centrale contribue faiblement au PIB et est peu durable. La part de la CEMAC dans le commerce mondial du bois n'est que de 3% et seulement 18% dans le segment des bois tropicaux, alors que l'Afrique centrale avec la forêt du bassin du Congo, abrite le premier couvert forestier d'Afrique et la deuxième forêt au monde.

Valoriser à 100% le bois et mettre en valeur le potentiel économique de la forêt sont l'objectif visé dans le programme. La filière bois regroupe un ensemble d'activités qui permettent la transformation de la matière première, le bois, en produits finis. Nombre d'activités et de métiers gravitent autour de la production, de l'utilisation ou du négoce de produits et de services à base de bois. L'amont relève d'une économie tournée vers l'exploitation de la ressource, tandis que l'aval relève d'une économie orientée vers la satisfaction des marchés finaux. Ces activités offrent ainsi de nombreux débouchés pour une main d'œuvre locale. A travers la valorisation du bois, c'est aussi le BTP qui est soutenu, avec un approvisionnement compétitif de bois d'œuvre. Les produits d'ameublement nourriront un marché vaste qui donnera de nombreux emplois (menuisiers ébénistes, designers…).

Transformation de minerais. L'ambition est de devenir un acteur majeur des ferro-alliages : la transformation locale des minerais pour les ferro-alliages doit être encouragée, notamment pour capter les besoins important du marché du BTP régional en effervescence (rails, fer à béton…). La richesse du Gabon et du Cameroun en fer et en manganèse ouvre la voie au développement d'une industrie de production de ferromanganèse, alliage primaire de l'industrie d'acier.

Un secteur privé dynamique. Le tissu d'entreprises actuel de la CEMAC apparaît très limité. En dehors du Cameroun, et dans une certaine mesure du Gabon, le secteur privé est très faible et limité à quelques sociétés multinationales opérant dans l'exploitation de principales matières premières (hydrocarbures, mines, bois). Pour les pays concernés, l'Etat en tire une rente et des revenus fiscaux lui permettant de fonctionner et d'assurer ses missions régaliennes. La conséquence est que le nombre d'emplois privés est extrêmement faible, l'Etat étant dans la plupart des Etats membres le principal employeur.

L'enjeu de l'émergence économique, c'est le développement d'un tissu économique diversifié, avec la recherche d'une maitrise progressive des processus de création de valeur en sollicitant les partenariats d'opérateurs de référence qui en ont la maîtrise.

Autour de l'action de ces opérateurs de référence, se construiront les activités de diversification, de soutien permettant l'installation d'un tissu d'entreprises offrant une diversité d'emplois. Au fur et à mesure, ces entreprises vont s'aguerrir à la concurrence internationale et exiger des niveaux de qualification de plus en plus importants. D'où la nécessité d'accompagner l'essor de ces filières par un système dynamique et flexible de formation et d'apprentissage.

L'énergie. La production d'électricité sera le secteur phare du pilier énergétique, en tant que facteur clé de compétitivité pour l'ensemble des piliers de diversification économique et produit phare de la CEMAC à l'exportation.

L'électricité constitue en effet l'élément moteur clé de la diversification économique. Le projet Electricité CEMAC, avec la valorisation du potentiel et l'interconnexion des réseaux électriques permet de réaliser des sauts qualitatifs majeurs : le raccordement des pays de la zone structurellement déficitaire en électricité (RCA, Tchad) permet à ces pays d'avoir les moyens de valoriser leur potentiel et d'assurer leur décollage économique, ainsi que la conduite d'une vraie réforme du secteur indispensable dans un contexte d'évolution vers un système d'échange régional de l'électricité, ce qui rend obligatoire la réforme et la mise à niveau des sociétés d'électricité. Il permet également, l'accès à l'électricité des territoires traversés jusqu'ici isolés grâce à l'interconnexion et à un raccordement aux postes sources.

Zones économiques spéciales (Z.E.S.). Elles vont se trouver à proximité des ressources qu'elles valorisent et peuvent être localisées à l'intérieur du territoire d'un pays ou dans une zone géographique transfrontalière à deux ou plusieurs pays. Les ZES ont un rôle double :

- Un rôle de précurseur d'environnement des affaires favorables à l'investissement : la ZES est aménagée pour faciliter l'installation des entreprises en mettant à leur disposition des aires aménagées avec des infrastructures de transport (routes, chemin de fer…), un accès aux facteurs de production comme l'électricité, l'eau, des fluides industriels (vapeur d'eau, air comprimé…) des services logistiques ou de télécommunications.

Il y'a également des mesures incitatives comme une administration de la zone aidant les entreprises à résoudre leurs problèmes et les représentant devant les autorités, un guichet facilitant les créations et installations d'entreprises, une fiscalité attractive, la disponibilité de main d'œuvre, la possibilité de rapatrier les bénéfices, l'accès au marché régional.

- Un rôle d'accélérateur de l'intégration régionale : le statut de ZES dans le cadre du PER CEMAC concernera spécifiquement les six grands pôles économiques ayant une vocation régionale. La ZES permettra d'attirer dans chaque pôle un important tissu d'entreprises. Elle sera un puissant support de l'intégration régionale, en garantissant l'accès aux marchés des pays de la région pour les entreprises des pôles. Les entreprises pourront employer librement une main d'œuvre originaire de l'ensemble des pays CEMAC, sans discrimination.

La Zone économique spéciale se trouve en général à proximité des ressources qu'elle valorise.

Une analyse critique de ces plans ou programmes

Ces plans ou programmes de planification du développement (PSGE, Burundi 2025 et PER) sont des outils intellectuels, dans leur ensemble, bien pensés et construits. Cependant, ils indiquent moins la méthode, le mode d'emploi ou la stratégie de la mise en œuvre, notamment en ce qui concerne le PSGE et la Vision Burundi 2025 qui se présentent davantage comme des catalogues des bonnes intentions.

La volonté de s'inscrire dans l'intégration (sous) régionale n'est guère pas manifestée dans le PSGE. Pis, ce Plan ne s'approprie pas les grands projets (sous)régionaux qui figurent dans le Programme économique régional (PER) CEMAC 2025, conçu deux ou trois ans plutôt. Par exemple, dans le cadre des grands projets du PER dans les mines et la métallurgie, il est préconisé la construction au Gabon et au Cameroun, entre autres : (i) d'une usine métallurgique de Moanda (manganèse métal, silico-manganèse) à l'horizon 2015 ; (ii) d'une usine sidérurgique (production de minerai directement réduit, acier et alliages de fer) à l'horizon 2020 ; (iii) d'un pôle de transformation de fer (matériaux de construction BTP A) à l'horizon 2020. De même, il est prévu l'aménagement et le bitumage des routes : Mouila-Ndende (Gabon) à Dolisie (Congo). Ces projets, parmi tant d'autres, ne sont pas valorisés dans le PSGE.

Dans le volet pilotage et mise en œuvre du PSGE, le président gabonais, Ali Bongo Ondimba, trace la ligne : « La mise en œuvre du Gabon Emergent nécessite un dialogue avec tous les acteurs, afin que chacun contribue au mieux, de façon sincère et dans l'intérêt bien compris de toutes les parties prenantes, à sa concrétisation ». Quant au financement de cet ambitieux programme, s'il est évoqué vaguement le budget programme par l'approche de budgétisation par objectifs dans le cadre de mise en place de la Loi Organique relative aux Lois de Finance et de l'Exécution du Budget (LOLFEB), il n'est en revanche nullement indiqué une estimation du coût du programme et le niveau ou la part du financement propre de l'Etat et ce qui est attendu des partenaires (secteur privé, partenaires au développements…).

Contrairement au PSGE, la Vision Burundi 2025 fait de l'intégration régionale un de ces piliers (pilier 4). Le Burundi – à cheval entre la région des Grands Lacs, celles du centre et de l'est –, indique clairement vouloir tirer profit de son appartenance à la CEPGL, au COMESA et à la CEEAC pour accroitre et diversifier son économie. En revanche, la Vision Burundi 2025 pêche par l'absence d'une estimation de son coût et d'un plan de son financement.

Le Programme économique régional (PER) CEMAC 2025 est, quant à lui, un programme qui a une une certaine consistance. Il est beaucoup plus explicite sur sa mise en œuvre et les sources envisagées de son financement.

D'après un calcul[29], environ 20.000 milliards de F CFA (40 milliards de dollars) sont requis pour financer le PER de 2009 à 2015, dont 56% de ressources privées. En ce qui concerne l'apport des Etats membres de la CEMAC, il est proposé la mise en place d'une redevance de 3 dollars US par baril de pétrole exporté. Sur la base d'une hypothèse d'exportation de 50 millions de tonnes de pétrole brut par an pour l'ensemble des Etats, cela rapporterait 515 milliards de F CFA par an à la CEMAC, et un total de 2575 milliards F CFA entre 2011 et 2015. Cette redevance qui aurait dû permettre aux Etats membres de la CEMAC de prendre en charge près de 15% des besoins d'investissements du PER, n'était hélas pas encore effectif en 2012, soit à mi-chemin de la période considérée (2009-2015). Les investissements privés escomptés (56% des besoins du financement) ne sont pas, non plus, au rendez-

[29] Source : CEMAC 2025. Vers une économie régionale intégrée et émergente, Programme Economique Régional 2010-2015, Rapport final, Volume 1, octobre 2009, pp. 116-117.

vous. Par conséquent, le problème de financement de la première phase du PER est, en 2013, loin d'être résolu.

B/ Une certaine volonté de renforcement de l'intégration régionale

« En Afrique, toute l'attention se focalise de plus en plus sur l'intégration régionale en tant que stratégie de réalisation d'une croissance économique durable, vu qu'il existe un consensus sur le fait qu'en mutualisant ses capacités et ses ressources et en mobilisant les énergies, le continent sera à même de surmonter les formidables défis du développement auxquels il est confronté », avaient écrit trois responsables[30] d'Institutions africaines dans un rapport conjoint.

Les principales institutions régionales en Afrique centrale

L'Afrique centrale compte deux principales communautés économiques : la Communauté Economique et Monétaire de l'Afrique Centrale (CEMAC) et la Communauté Economique des Etats de l'Afrique Centrale (CEEAC).

Ces institutions ont été mises en place afin de conduire la réalisation des objectifs d'intégration de cette région. Les Etats membres de ces entités n'ont cessé de procéder à

---

30 Jean Ping (président d'alors de la Commission de l'Union africaine), Donald Kaberuka (président de la BAD) et Abdoulle Janneh (président d'alors de la Commission économique des Nations unies pour l'Afrique), Avant-propos du Rapport conjoint CEA, UA, BAD, « *État de l'intégration régionale en Afrique IV. Développer le commerce intra-africain* », Addis-Abeba, 2010, p. xxi.

des revues périodiques pour mesurer le niveau des réalisations de ces organisations, leur impact réel sur l'économie de la région et les conditions de vie des populations, la pertinence des instruments et l'adéquation des moyens mis en œuvre en vue d'atteindre les objectifs fixés.

Avec les exigences de la globalisation et la libéralisation croissante du commerce mondial, le processus de l'intégration dans la sous région semble connaître un regain d'intérêt depuis quelques années. Par ailleurs, les champs d'action des deux institutions d'intégration régionale majeures (CEEAC et CEMAC), jadis confinés aux domaines économiques et diplomatiques, ont été étendus aux domaines politiques, sécuritaires, de bonne gouvernance et de commerce international. Par ailleurs, la mise en place des institutions communautaires sectorielles s'est accélérée avec l'adoption des programmes et plans d'action dans les secteurs du commerce, des infrastructures de transport, de l'agriculture et de l'énergie.

La Communauté économique et monétaire de l'Afrique centrale (CEMAC)

Succédant à l'Union douanière et économique de l'Afrique centrale (UDEAC)[31], la CEMAC regroupe les six pays suivants : le Cameroun, la République du Congo, le Gabon, la Guinée équatoriale, la République Centrafricaine et le Tchad. Elle a été créée par le Traité de N'Djamena du 16 mars 1994, complété par un Additif du 05 juillet 1996, et ratifié à Malabo lors du sommet du juin 1994.

[31] Une organisation, instituée par le Traité de Brazzaville du 08 décembre 1964.

Objectifs et missions de la CEMAC

Plus que l'intégration économique, les Etats membres visent l'intégration sociale, en réaffirmant leur attachement aux principes de liberté et de démocratie et en s'engageant à :

- développer ensemble toutes les ressources humaines et naturelles de leurs Etats pour le bien être de leurs peuples dans tous les domaines.

- donner une impulsion nouvelle et décisive au processus d'intégration en Afrique centrale par une harmonisation accrue des politiques et des législations de leurs Etats.
- assurer la convergence des performances de leurs politiques économiques au moyen du dispositif de la surveillance multilatérale.

La mission essentielle de la CEMAC est donc de promouvoir un développement harmonieux des Etats membres dans le cadre de l'institution d'un véritable marché commun.

La plus grande innovation de la CEMAC est sans doute le transfert par les gouvernements des Etats membres à la nouvelle Communauté d'une parcelle de la souveraineté nationale, avec la création d'un Parlement et d'une Cour de justice communautaires, ainsi que par les nombreuses prérogatives dévolues à la Commission qui a remplacé l'ancien Secrétariat exécutif.

Aux termes du traité constitutif, les objectifs de la CEMAC sont les suivants :

- mettre en place un dispositif de surveillance multilatéral des politiques économiques des Etats membres ;

- assurer une gestion stable de la monnaie commune (le franc CFA) ;

- sécuriser l'environnement des activités économiques et des affaires en général ;

- harmoniser les réglementations des politiques sectorielles dans les domaines essentiels prescrits par les textes organiques (agriculture, élevage, pêche, industrie, commerce, transport et télécommunications, énergie et environnement, recherche, enseignement et formation professionnelle.) ;

- créer un marché commun basé sur la libre circulation des personnes, des biens, des capitaux et des services.

La CEMAC s'appuie sur deux piliers, l'Union économique de l'Afrique centrale (UEAC) et une Union monétaire de l'Afrique centrale (UMAC). Le premier s'occupe des questions économiques tandis que le second intervient en matière monétaire.

La Communauté économique des Etats de l'Afrique centrale (CEEAC)

Composée aujourd'hui de dix Etats[32], le Traité instituant la CEEAC a été signé à Libreville, au Gabon, le 18 octobre 1983 par dix chefs d'Etat réunis pour la circonstance. Le Rwanda, qui est un pays fondateur et jusqu'à récemment le 11e Etat membre, a décidé, en juin 2007, de sortir de cette Communauté afin, soi-disant, de mieux recentrer sa présence dans les différentes

[32] L'Angola, le Burundi, le Cameroun, le Congo Brazzaville, le Gabon, la Guinée Equatoriale, la République Centrafricaine, la République Démocratique du Congo, Sao Tomé et Principe, et le Tchad.

institutions régionales (SADC, COMESA,...) dont il est membre.

Les objectifs et missions de la CEEAC

A sa création, la CEEAC avait pour mandat la promotion du dialogue politique dans la sous région, et la création d'une union douanière plus large, ainsi que l'établissement de politiques sectorielles communes.

Progressivement, la CEEAC s'est vue confiée la responsabilité de développer des capacités de maintien de la paix et de prévention des conflits en Afrique centrale. Depuis la relance de ses activités en 1999, la CEEAC a poursuivi des actions visant l'instauration d'une zone de libre échange et une union douanière, ainsi que l'harmonisation des politiques sectorielles dans les domaines clés de l'intégration.

Aujourd'hui, l'objectif visé par la CEEAC est d'atteindre, pour ses Etats membres, une autonomie collective, d'élever le niveau de vie des populations locales et maintenir la stabilité économique grâce à une coopération harmonieuse. Son objectif ultime est de parvenir à créer un Marché commun des Etats de l'Afrique centrale (cf. article 4 du Traité de Libreville).

La Conférence des chefs d'Etat et de Gouvernement de Malabo de 1999 qui a consacré la redynamisation de la CEEAC a défini quatre axes d'activités prioritaires :
- le développement des capacités pour le maintien de la paix, de la sécurité et de la stabilité, conditions essentielles pour un développement économique et social
- le développement de l'intégration physique, économique et monétaire
- le développement d'une culture de l'intégration africaine

- la mise en place d'un mécanisme autonome de financement pour la CEEAC.

Après de fortes perturbations dans les années 1990 avec des guerres civiles dans plusieurs Etats de cette région, une reprise des objectifs avec une certaine accélération des décisions d'intégration depuis notamment la décision, en Janvier 2004 par la conférence des chefs d'Etat et de Gouvernement de la CEEAC, de créer la Zone de libre échange de la Communauté (ZLE/CEEAC) à partir de juillet 2004. Cette décision a constitué la première étape du processus de libéralisation des échanges commerciaux intracommunautaires.

La seconde étape de ce processus consiste en la mise en place de l'Union douanière et la troisième étape consistera à mettre en place le marché commun. En outre, les Etats et les deux organisations régionales (CEEAC et CEMAC), ont lancé dès 2005, le processus d'harmonisation et de coordination des politiques, des programmes et des instruments d'intégration afin d'aboutir à terme à une seule communauté d'intégration régionale en Afrique centrale.

Toutefois, la région reste caractérisée par un niveau de commerce intra zone trop bas (cet aspect est développé dans le chapitre 5) ainsi que par une proportion très faible des activités génératrices de revenus dans le secteur productif et de services privés, hors exportations de produits bruts miniers, pétroliers et forestiers.

L'état de l'intégration régionale en Afrique centrale

Quelques réalisations dans le domaine de l'intégration régionale :

Création de Zone de libre échange (ZLE)

La ZLE de la CEEAC a été créée en juillet 2004 avec pour but la constitution d'une union douanière dotée d'un TEC (tarif externe commun) avant la fin de l'année 2008. La ZLE est aujourd'hui pleinement opérationnelle.

Les États membres de la CEEAC ont adopté un plan tendant à supprimer progressivement les droits de douane sur les échanges intracommunautaires, avec l'introduction de ce qui est appelé le tarif préférentiel de la CEEAC. La CEEAC a en outre procédé à l'harmonisation, avec la CEMAC, des politiques commerciales relatives aux règles d'origine et à la réduction tarifaire.

Dans la théorie, les avantages de la ZLE sont de trois ordres :

- ceux liés aux effets d'économie d'échelle et à une concurrence plus accrue ;

- ceux liés au développement de l'échange intra-branche, entre les Etats membres ; et enfin

- ceux liés à l'accroissement des investissements directs en provenance des pays tiers dans la zone d'intégration régionale.

La sécurité, la paix et la stabilité

La CEEAC a déployé beaucoup d'efforts en faveur de la paix et de la sécurité dans la région. Et pour cause, la prévention et la résolution des conflits et le maintien de la paix, de la stabilité et de la sécurité sont des facteurs déterminants pour les initiatives de développement. De ce fait, les questions de paix et de sécurité méritent une attention toute particulière surtout que quelques pays de la région (la Centrafrique et la RDC notamment) connaissent de récurrentes crises politico-militaires.

Soucieuse de mettre en place un environnement propice à un développement durable, l'Afrique centrale consolide ses initiatives régionales de résolution et de prévention des conflits, de paix, de sécurité et de stabilité. Le Conseil de Paix et de Sécurité en Afrique centrale (COPAX) – dont la mission est de prévenir, résoudre les conflits et maintenir la paix, la stabilité et la sécurité dans la sous-région – est devenu opérationnel en 2003.

Le Protocole relatif au COPAX dispose qu' « en cas d'intervention armée, la mise à disposition de la Force multinationale d'Afrique centrale (FOMAC), des contingents constitués à cet effet ».

C'est dans cette optique que la RCA, ayant connu des crises militaro-politiques, a bénéficié de la mise en place de la FOMAC[33], en juillet 2008, transformée en force de l'Union africaine, la Mission internationale de soutien à la Centrafrique (MISCA) en décembre 2013.

L'agriculture : adoption d'un programme régional de sécurité alimentaire de l'Afrique centrale

En novembre 1996, les chefs d'Etat et de Gouvernement de la CEEAC s'étaient engagés, pendant le Sommet Mondial sur l'Alimentation, à entreprendre des actions à tous les niveaux pour accroître la production vivrière de l'Afrique centrale, et faciliter l'accès à la nourriture à tous. Ils ont, huit ans plus tard, à l'issue de leur conférence de

---

[33] Transformation de la FOMUC (Force Multinationale de la CEMAC), en Centrafrique de 2002 jusqu'au transfert du commandement en juillet 2008.

janvier 2004, doté la région d'un programme régional de sécurité alimentaire (PRSA) de l'Afrique centrale. Celui-ci se veut un cadre (i) de coordination et d'harmonisation des politiques de sécurité alimentaire des Etats membres qui peut également être utilisé comme support pour la mobilisation des ressources humaines et financières et, (ii) de concertation et d'harmonisation de politiques pour les organisations professionnelles et interprofessionnelles œuvrant dans le domaine.

L'énergie : création d'un pool pour l'Afrique centrale

La région souffre d'un déficit chronique en énergie, malgré un potentiel hydroélectrique important. Cela ne lui permet pas de soutenir convenablement ses efforts d'industrialisation et de fournir de l'énergie en quantité suffisante et de bon marché à ses populations. La stratégie retenue par les pays pour améliorer cette situation est la mise en pool de leurs ressources énergétiques, une stratégie en harmonie avec le Protocole relatif à la coopération en matière d'énergie annexé au Traité instituant la CEEAC. En 2003, les pays de cet espace économique se sont donc accordés sur un cadre intergouvernemental pour la réalisation d'une politique énergétique commune en matière de production, transport, distribution et exploitation des réseaux électriques et services annexes. Ce qui a conduit à la création du Pool énergétique en Afrique centrale (PEAC), en avril 2003, à Brazzaville où se trouve le siège et est basé le Secrétariat permanent.

Des retards…

Libre circulation des personnes, des biens, des services et des capitaux

L'Afrique centrale est l'une des régions en retard dans le domaine de l'intégration régionale, en particulier en matière de libre circulation des personnes, des biens et des services. Il en est de même pour le droit d'établissement au sein de l'espace couvert par chacune des deux communautés (la CEMAC et la CEEAC). Cela est dû principalement à la médiocrité du réseau régional d'infrastructures et à l'imposition des visas entre certains États membres.

Les décisions relatives à la libre circulation n'ont toujours pas été appliquées en raison d'absence de volonté politique.

Un exemple de manque de volonté politique souvent observée en Afrique centrale : les chefs d'Etat et de gouvernement de la CEMAC, réunis en sommet extraordinaire à Libreville au Gabon en juin 2013, ont décidé qu'à partir du 1er janvier 2014, les citoyens de l'espace CEMAC pouvaient désormais se déplacer dans les 6 pays avec une simple carte d'identité ou un passeport, sans visa. Ce qui devait concrétiser un projet qui a longtemps divisé les chefs d'Etat. C'est sans compter sur la résistance – pour ne pas dire le manque de volonté politique – des autorités de Malabo. A deux mois d'entrée en application de cette décision, le gouvernement équato-guinéen annonçait, en novembre 2013, son refus de l'appliquer, soi-disant que la population équato-guinéenne craindrait « une immigration massive » en provenance des pays de la CEMAC les moins nantis, renvoyait ainsi *sine die* l'application de cette décision.

L'intégration physique et l'aménagement du territoire

Bien qu'elle constitue un territoire homogène, la CEEAC apparaît comme une succession de zones enclavées étant donné la faible intégration des réseaux de transport, de télécommunications ou d'électricité. Construire un marché commun passe d'abord par l'interconnexion de ces réseaux et la construction d'un espace plus intégré, dans le cadre d'une politique régionale cohérente d'aménagement du territoire.

2ème partie

LES DÉFIS DU DÉVELOPPEMENT : GOUVERNANCE, INFRASTRUCTURES, MONDE RURAL, INTÉGRATION RÉGIONALE…

Chapitre 4 : La carence criante d'infrastructures, un handicap majeur au développement

En Afrique centrale, les infrastructures de base (routes, ponts, ports, barrages, chemin de fer, etc.) sont insuffisantes et celles qui existent nécessitent bien souvent de lourds travaux de réhabilitation.

Les infrastructures de la région sont en effet les plus limitées du continent. Par exemple, malgré les ressources importantes en hydro-énergie, la région a le secteur énergétique le moins développé d'Afrique. La densité des routes bitumées est seulement une fraction des niveaux déjà bas observés en Afrique de l'Ouest. En comparaison internationale et par rapport au reste de l'Afrique, les consommateurs en Afrique centrale paient cher pour les services en infrastructures. L'accès à l'Internet au Tchad, en RCA, en RDC, etc. coûte, par exemple, au moins quatre fois plus que dans d'autres pays en développement.

Selon certaines simulations, si les infrastructures au Burundi, en RDC, en Centrafrique, au Cameroun se mettaient au niveau du meilleur pays africain (Île Maurice), la croissance économique par habitant de ces pays en termes réels serait au moins de 4 points élevée par an. En d'autres termes, le citoyen moyen de ces pays verrait son revenu annuel croître cinq fois plus vite que celui d'aujourd'hui.

Un réseau d'infrastructures de transports inadéquat

De nombreux défis sont à relever pour que les transports puissent devenir un des moteurs de la croissance économique de l'Afrique centrale. L'intégration physique de la région est encore faible, car très peu de capitales de cette région sont reliées entre elles par une route bitumée.

Le réseau des différents modes de transport de la région est inadéquat car certains tronçons ne répondent pas aux normes alors que d'autres manquent, s'agissant notamment des routes transnationales ou régionales, des lignes de chemin de fer et du transport aérien. Il est ainsi très difficile, en toutes saisons, de voyager non seulement à l'intérieur des Etats mais aussi d'un Etat à l'autre.

Les modes de transport étant peu intégrés entre eux, la faiblesse des échanges commerciaux intracommunautaires est aggravée par les difficultés à créer et à entretenir un réseau de transport communautaire intégré.

Insuffisance des infrastructures routières et ferroviaires

Les infrastructures routières, moins denses et très peu revêtues

Le transport routier constitue le principal mode de déplacement en Afrique centrale, assurant près de 90% du transport intérieur de voyageurs et de marchandises dans la région.

Cependant, la densité routière moyenne de 2,2 km/100 km² est inférieure à la moyenne africaine (4,2 km/100 km²). Hormis le cas particulier de Kinshasa et Brazzaville séparées par un fleuve, les capitales des différents pays sont relativement éloignées l'une de l'autre, et seules

Yaoundé-Libreville et Yaoundé-Bata sont reliées par une route entièrement bitumée.

L'environnement physique de l'Afrique centrale, caractérisé par une grande superficie du territoire de plus de 6,6 millions de km^2, par une végétation de forêts denses (le bassin du Congo) dans la plupart des Etats et enfin par un réseau hydrographique ramifié, constitue un obstacle supplémentaire à surmonter pour la construction des routes dans cette région dont le transport routier demeure le mode de transport prédominant, à la fois pour la circulation des personnes et pour les échanges.

En se référant à un rapport de mission d'évaluation d'un consortium[34], le réseau routier de la CEEAC est long de 147.314 km, mais seulement 21.439 km sont bitumés, soit environ 15%. La densité routière moyenne n'est que de 2,2 km/100 km^2 pour l'ensemble du réseau routier, et de 0,3 km/100 km^2 pour les routes bitumées.

[34] Linpico & T-Bangui Consulting, Rapport d'évaluation économique et financière des projets prioritaires du PDCT-AC, commandité par la BDEAC, mars 2009.

Graphique n° 1 : Part des routes revêtues en Afrique, par région

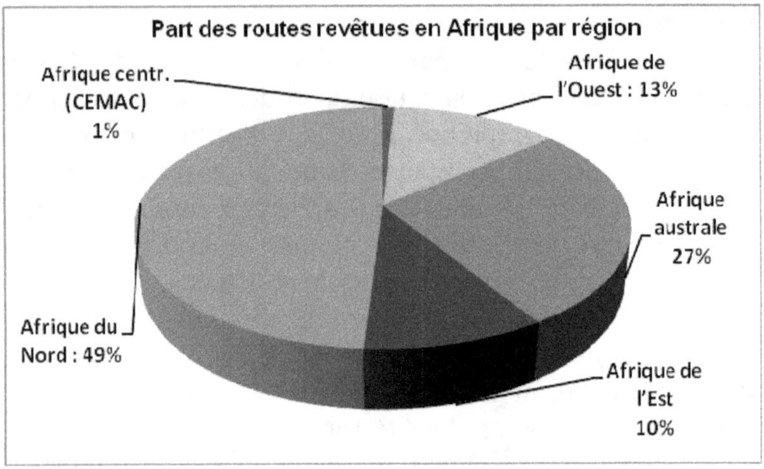

Source : Estimations de CEA, Rapport 2010, p.237.

Un réseau ferroviaire moins développé

Le chemin de fer constitue le moyen de transport le mieux adapté pour le déplacement de gros volumes sur de moyennes et longues distances. Il se prête particulièrement bien au transport de marchandises à destination et en provenance des pays sans littoral.

Sur plus d'une quinzaine de pays en Afrique ne disposant pas de voie ferrée, plus d'un tiers se trouvent en Afrique centrale. En effet, le Burundi, la Guinée équatoriale, la République centrafricaine, Sao Tomé et Principe, le Rwanda et le Tchad n'ont pas de chemin de fer.

Cinq autres pays de la région sont dotés d'infrastructures ferroviaires. Il s'agit de l'Angola, du Cameroun, du Congo, du Gabon et de la RDC. Mais ces infrastructures sont peu connectées entre elles, tant au niveau national qu'entre les pays.

Par ailleurs, un projet de construction du chemin de fer reliant le Burundi, le Rwanda et la Tanzanie (Dar-es-Salam, Isaka, Kigali, Keza, Gitega, Musongati) est bien avancé, avec les études d'ingénierie achevées en 2013.

Tableau n° 8 : Réseaux ferroviaires et densités comparatives

	Réseau total (en km)	**Densité (km/km2)**
Afrique centrale (CEMAC)	**6 414**	**1,2**
Afrique de l'Ouest	9 715	1,9
Afrique australe	33 291	5,6
Afrique de l'Est	9 341	2,2
Afrique du Nord	16 012	2,3
Total Afrique	74 773	2,5

Source : CEA, Rapport 2010, p.344

Le transport aérien peu concurrentiel

Le service de transport aérien en Afrique centrale souffre d'importantes insuffisantes et notamment d'une concurrence limitée qui renchérit les coûts et met les passagers à la merci des rares compagnies en activité, voire d'une compagnie sur certaines lignes.

Malgré les insuffisances, le transport aérien joue un rôle de premier plan dans les déplacements des personnes dans la région et apporte ainsi une grande contribution à l'intégration physique. Ce rôle est d'autant plus important que les autres modes de transport (route, chemin de fer, voie fluviale, voie maritime) n'assurent pas de services organisés de transport de voyageurs entre les pays. Il faut noter, depuis la faillite de la compagnie aérienne panafricaine, Air Afrique, un recul dans le nombre de liaisons aériennes entre les capitales des pays par rapport aux années 1980, 1990. Par exemple, notait la CEA[35], les villes de Bangui et de Ndjamena ne sont reliées directement qu'à Douala ; les villes de Luanda et de Kinshasa ne sont reliées directement qu'à 4 autres capitales des pays de la CEEAC, tandis que dans l'espace de la CEEAC, Kigali et Bujumbura ne sont reliées qu'entre elles.

Le tableau n° 9 ci-dessous donne un aperçu de la situation des infrastructures de transports dans les pays d'Afrique centrale, un réseau qui se caractérise par une faible densité.

[35] Commission Economique pour l'Afrique, *Les infrastructures de transport et l'intégration régionale en Afrique centrale*, Paris, éditions Maisonneuve et Larose, 2005, p.41.

Tableau n° 9 : Aperçu de l'ensemble des infrastructures de transports dans quelques pays de la Région

	Routes (Km)	Bitumées (en Km)	Densité Km/10 km²	Chemin de fer (Km)	Ports	Aéroports internationaux
Angola	22.000	8.000	1,8	-	-	-
Cameroun	48.850	4.918	4,5	1.016	1	3
Congo	17.289	1.240	1,5	896	1	2
Gabon	9.170	937	3,4	650	2	2
RCA	24.307	702	1,5		0	1
RDC	152.400	2.801	6,5	5.270	3	5
Tchad	5.549	1.021	0,5	-	-	1

Source : PDCT-AC, 2010

L'enclavement de certains pays d'Afrique centrale

Plus du tiers des pays d'Afrique centrale sont concernés par la notion d'enclavement au sens de l'isolement spatial. En effet, sur les 11 pays de l'espace étudié, 4 sont enclavés. Il s'agit : du Burundi, de la Centrafrique, du Rwanda et du Tchad.

La continentalité de ces pays implique des difficultés économiques et leur désenclavement implique une coopération entre acteurs des Etats littoraux et continentaux organisant les trajets d'ouverture vers ces ports.

La distance à franchir pour relier les centres portuaires est importante (par exemples 1.880 km de liaison routière entre Douala et N'Djamena ; 1.455 km entre Douala et Bangui), et la solution première du désenclavement de ces 4 pays est de définir un système de transports multimodaux (port/rail/route) fiables, fluide et performant entre les Etats littoraux et continentaux. La mise en œuvre de liaisons fiables devra ainsi répondre à une double logique territoriale par la création d'axes routiers bitumés reliant les capitales et la construction de nouvelles infrastructures ferroviaires et/ou le rallongement des anciennes.

La cherté des coûts de transport

Le transport est un élément clef dans l'estimation des coûts commerciaux. Le déplacement d'une marchandise sur chaque kilomètre nécessite du carburant, de la main-d'œuvre et des dépenses en capital.

L'insuffisance d'infrastructures contribue à l'augmentation des coûts de transport et agissait comme un obstacle de taille à l'expansion du commerce. Comparés à ceux d'autres régions du monde, les frais d'expédition de marchandises de pays d'Afrique centrale vers les principaux marchés mondiaux sont particulièrement élevés (voir tableau n° 10).

Le manque de technologies de l'information et de la communication (TIC) dans la plupart des postes frontaliers de la région contribue à la cherté des coûts commerciaux. En effet, comme le note si bien un rapport conjoint[36], il est désormais plus facile – et moins coûteux – d'obtenir des informations sur les conditions des marchés étrangers, les normes de produits et les préférences des consommateurs grâce à l'Internet. Cela devrait faire baisser les coûts d'entrée dans les marchés étrangers et promouvoir le commerce à la marge.

Les coûts du transport en Afrique centrale, tous modes confondus, restent parmi les plus élevés en Afrique, comparés à ceux des autres sous régions du continent.

[36] Rapport conjoint CEA, UA, BAD, « *État de l'intégration régionale en Afrique IV. Développer le commerce intra-africain* », Addis-Abeba, 2010, p. 251.

Tableau n° 10 : Coûts du transport en Afrique centrale, comparés à l'Afrique de l'est

	Afrique centrale	**Afrique de l'est**
Coûts variables (en USD / km)	1,31	0,98
Coûts fixes (en USD /par km)	0,57	0,35
Total Coûts de transport (en USD / km)	1,88	1,02

Source : Banque mondiale

La pénurie d'énergie, une entrave au développement

L'Afrique centrale dispose d'abondantes ressources énergétiques (hydroélectricité, charbon, gaz, pétrole, uranium, énergies nouvelles et renouvelables) pour répondre à ses besoins. Il recèle d'immenses potentialités hydroélectriques – le fleuve Congo notamment – qui constituent une source inépuisable d'énergie renouvelable. Cependant, ces ressources sont sous-exploitées, voire inexploitées. Cela est largement imputable à l'accès comparativement faible de la région à la technologie moderne.

La faiblesse de l'offre se justifie en partie par l'insuffisance des investissements et des faiblesses dans la gouvernance du secteur à tous les niveaux. Les sociétés existantes d'électricité dans les pays d'Afrique centrale se caractérisent par de faibles performances et cela se traduit par : peu d'investissements ; la vétusté du parc de production et du réseau, avec des pannes récurrentes et coûteuses en réparation ; les défaillances techniques, liées à une maintenance insuffisante et peu rigoureuse ; la faible disponibilité des centrales, etc.

Cet état de fait limite considérablement l'accès de la population et des secteurs économiques aux services énergétiques à un prix abordable. Il est évident que la disponibilité de l'énergie améliore la qualité de la vie, renforce les activités économiques et le développement industriel. Par contre, la pénurie d'énergie entrave le développement.

Le déficit d'infrastructures rurales, expose la région à l'insécurité alimentaire

Malgré ses atouts notamment la disponibilité de grandes quantités de terres arables, de ressources en eau, la Région est un acteur marginal du marché agricole mondial. Le secteur est confronté à une urbanisation galopante qui entraine une forte régression de la population agricole. Il y a un déficit généralisé d'infrastructures rurales (pistes et électrification notamment). A cela s'ajoutent des coûts logistiques élevés amplifiés avec l'enclavement des zones rurales (impact de la forêt et de la faiblesse des infrastructures de transport). Cette carence handicape l'évacuation des productions agricoles et le développement des échanges d'une zone à une autre, et concourt par ailleurs au déclin de la pratique agricole avec une faible utilisation des terres arables.

L'absence ou l'insuffisance d'électricité en milieu rural, pose problème de stockage et de conservation des produits et notamment des produits périssables (fruits, légumes…). L'accès aux moyens modernes de conservations telles les chambres froides, permettraient de conserver une partie de production agricole en période de surproduction pour la revendre au cours des périodes de soudure, ce qui permettrait aux paysans d'augmenter leurs revenus.

En aval de la production agricole, il y'a une absence de structuration et de maîtrise des chaînes de valeur avec une faible caractéristique des filières de transformation artisanale et industrielle, avec notamment une transformation locale quasi-inexistante.

La population urbaine grandissante est nourrie grâce à un recours massif de produits alimentaires importés, ce qui pénalise fortement les comptes extérieurs des pays. En outre, la sous-alimentation est importante en Afrique centrale : 45% en RCA, 37% au Tchad, 25% au Cameroun selon la FAO.

La sécurité alimentaire est, selon la même FAO, atteinte lorsque « tous les êtres humains ont, à tout moment, un accès physique et économique à une nourriture suffisante, saine et nutritive, leur permettant de satisfaire leurs besoins énergétiques et leurs préférences alimentaires afin de mener une vie saine et active ». C'est loin d'être le cas à l'échelle de la région Afrique centrale, comme du continent africain.

La faible couverture en Technologies de l'information et de la communication (TIC)

« Si nous disons oui aux défis des nouvelles technologies de l'information (NTI), c'est sans naïveté, car nous savons qu'elles recèlent des enjeux considérables. Enjeux de pouvoir car, aujourd'hui, celui qui peut le mieux être présent sur les autoroutes de l'information détient un pouvoir de manipulation considérable. Enjeux économiques colossaux étant donné le rôle des NTI dans la circulation des capitaux et de sommes fabuleuses investies dans leur développement. Enjeux autour des coûts de la communication aujourd'hui prohibitifs pour les Africains. Enjeux technologiques autour des choix qui seront faits en matière d'infrastructures et de mode de raccordement de l'Afrique aux grands réseaux internationaux. Enjeux en matière de recherche et de capacité à développer les technologies dans un sens qui correspond aux propriétés et aux attentes des Africains. Enjeux socioculturels enfin, comme je viens de l'exprimer »[37].

Le terme Nouvelles technologies de l'information (NTI) ou Technologies de l'information et de la communication (TIC) suggère le téléphone moderne et ses multiples dérivés, l'ordinateur et ses capacités de traitement instantané de l'information, les télécommunications et leurs débits énormes, l'écran électronique et son rôle relationnel. Les TIC affectent notre relation au temps, à l'espace et à autrui.

Grâce aux progrès importants dans les TIC, une partie importante du commerce mondial est réalisée par l'intermédiaire de l'Internet ou du commerce électronique. Cependant, le continent africain, l'Afrique centrale en particulier, ne participe pas encore pleinement à cette méthode de commerce.

Des études menées par la Commission économique des Nations unies pour l'Afrique (CEA) ont permis de recenser les obstacles ci-après au commerce en Afrique :

---

[37] Alpha Omar Konaré, Président de la République du Mali (1992-2002). Extrait du discours prononcé lors de la rencontre organisée par la Fondation du Devenir sur l'Afrique et des Nouvelles Technologies de l'Information à Genève, le 17 octobre 1996.

- L'infrastructure africaine ne favorise pas suffisamment le commerce électronique : l'infrastructure physique est inadéquate; l'infrastructure des transactions électroniques est insuffisante.
- L'environnement du commerce électronique en Afrique n'est pas propice : le niveau de sensibilisation à ce commerce n'est pas suffisamment élevé; les chefs d'entreprise africains ont besoin de formation en matière d'utilisation de l'Internet à des fins commerciales; les techniciens chargés de l'appui à l'Internet ont besoin de perfectionnement.

En raison de la mauvaise qualité de services de télécommunications coûteux, les entreprises africaines sont, selon la CEA, peu compétitives, car elles ne disposent pas d'informations à jour sur les prix des biens et services et des cargaisons, et encourent tous les coûts des temps d'attente évitables dans les ports et les postes frontières.

Ces obstacles concernant le continent sont plus aigus en Afrique centrale. Par exemple, le taux d'utilisateurs d'Internet pour 100 habitants, en 2010, est très faible dans la région : il est de moins de 5% en Afrique centrale, contre 10,6%, la moyenne en Afrique subsaharienne, selon un rapport du PNUD[38]. Seul le Rwanda, avec 10%, est le pays de la région dont le taux d'utilisateurs d'Internet est proche de la moyenne de l'Afrique subsaharienne.

---

[38] Rapport OMD 2012, *Évaluation des progrès accomplis en Afrique dans la réalisation des objectifs du Millénaire pour le développement*, PNUD, 2012, p. 139.

Les problèmes de financement des infrastructures

Les besoins financiers dans le secteur des infrastructures (transports, énergie et TIC) sont importants et souvent liés à l'expansion des infrastructures et à leur durabilité grâce à l'entretien et à la maintenance. Les coûts du renouvellement des infrastructures et de leur expansion dépassent souvent la capacité des pays d'Afrique centrale, ce qui les conduit à un recours important aux emprunts, le plus souvent auprès des partenaires au développement (Banque mondiale, BAD, etc.). Les gouvernements doivent générer et mobiliser des ressources pour le renouvellement et la construction de nouvelles infrastructures.

Il est indispensable que le secteur privé participe réellement au développement et à la gestion des infrastructures et, pour cela, les gouvernements devront créer un environnement propice (cadre politique et juridique approprié) à la participation du secteur privé. Les mécanismes de financement doivent s'articuler autour de partenariats publics privés.

Nous développons en chapitre 11, les pistes de financement du développement en général et des infrastructures en particulier, qu'il convient d'exploiter.

Chapitre 5 : Une économie essentiellement rentière, peu diversifiée

La croissance économique des pays d'Afrique centrale, comme celle de nombreux autres pays du continent africain, repose essentiellement sur les exportations des ressources naturelles brutes ou modestement transformées. Le pétrole, les minerais, le bois, les produits agricoles (coton, cacao, café, thé...) représentent, pour la quasi-totalité des Etats, plus des 2/3 des exportations.

Cette dépendance vis-à-vis des ressources naturelles rend la croissance fragile étant donné la volatilité des cours, les fluctuations des taux de change et le caractère non-renouvelable des ressources géologiques (pétrole, gaz, minerais) dont l'épuisement des réserves se manifeste déjà dans quelques pays (cas du pétrole gabonais).

En dehors de l'activité pétrolière et gazière, de l'exploitation minière et forestière, le secteur privé apparaît faible et pour l'essentiel composé de micro-entreprises informelles (voir encadré n° 2) coexistant avec quelques groupes. Le tissu des PME formelles reste très peu développé. L'Afrique centrale est ainsi en voie de vivre presque le « syndrome hollandais » du fait de sa dépendance aux ressources naturelles.

Tableau n° 11 : Composition et part des trois premiers produits d'exportation de quelques pays de l'Afrique centrale (année la plus récente disponible)

	Principaux produits (PP) d'exportation (en % des exportations totales du pays)	**Part des PP dans les exportations totales du pays (en %)**
Burundi (2010)	- Café non torréfié (59%) - Or à usage non monétaire (11%) - Thé (9%)	79
Cameroun (2010)	- Pétrole brut (37%) - Cacao (16%) - Bois (6%)	59
Centrafrique (2009)	- Diamants industriels (62%) - Bois (31%)	93
Congo-Brazzaville (2010)	- Pétrole brut (65%) - Butanes, liquéfiés (2%) - Bois (1%)	68
Gabon (2009)	- Pétrole brut (81%) - Bois (7%) - Minerais et concentres de manganèse (3%)	91
Rwanda (2011)	- Minerais d'étain et leurs concentrés (24%) - Café, non torréfié (18%) - Thé (13%)	55
Sao Tomé et Principe (2010)	- Cacao (85%) - Huile de soja et fractions (4%) - Préparations alimentaires contenant du cacao (3%)	92

Source: Comtrade, extrait de http://comtrade.un.org

Tableau n° 12 : Dépendance des exportations à l'égard des produits de base (en 2011)

	Indice de concentration des produits d'exportation	**Indice de diversification des produits d'exportation**
Angola	0,97	0,80
Burundi	0,54	0,75
Cameroun	0,38	0,71
Centrafrique	0,33	0,76
Congo-Brazzaville	0,79	0,81
Gabon	0,75	0,82
Guinée équatoriale	0,70	0,74
RD Congo	0,43	0,78
Rwanda	0,40	0,84
Sao Tomé et Principe	0,47	0,56
Tchad	0,93	0,79

Source: UNCTAD Stat, http://unctadstat.unctad.org

Note : S'agissant de l'indice de concentration des produits d'exportation, une valeur proche de 1 indique qu'une économie est plus dépendante des exportations d'un produit unique. L'indice de diversification des exportations va de 1 (plus grande différence avec la moyenne mondiale) à zéro (alignée sur la moyenne mondiale).

Encadré n° 2 : Le commerce informel

Le commerce informel est souvent défini comme s'il s'agissait de l'activité commerciale informelle, dont la définition est toutefois loin d'être parfaite. En fonction des

systèmes de comptabilité nationale, l'activité informelle se caractérise essentiellement par quatre éléments :
1. Elle fonctionne à petite échelle, avec de faibles niveaux d'organisation, sans faire de distinction entre les facteurs de production (capital, main-d'œuvre) ou en en faisant que peu ;
2. Plutôt que des accords contractuels ou des garanties officielles, l'emploi informel est d'habitude fondé sur le temps partiel, les liens de parenté ou les relations personnelles et sociales ;
3. Les entreprises individuelles ne sont pas des entités morales distinctes des ménages auxquels elles appartiennent. Leur comptabilité ne permet pas de distinguer leurs activités de production des autres activités de leurs propriétaires. De ce fait, les avoirs utilisés appartiennent à leurs propriétaires et non à l'unité ;
4. Sur le plan juridique, « les propriétaires sont personnellement responsables, sans limite, de tous les engagements souscrits dans le processus de production » (AFRISTAT, Série Méthodes n° 2, 1999).
Source : Rapport conjoint CEA, UA, BAD, *op. cit.*, p. 161

Des handicaps structurels

Les handicaps structurels entravant la transformation économique de l'Afrique centrale sont nombreux, entre autres :
- Le secteur industriel a de la peine à décoller et n'occupe que moins de 10% en moyenne des actifs. Le tertiaire, quant à lui, est caractérisé par les activités commerciales et les services (administration publique notamment).
- La filière bois, dans la région, reste encore dominée par l'exportation de grumes, même si l'exportation de sciages

et plaqués se développe, par exemple au Gabon qui interdit depuis 2013 l'exportation de grumes.
- La maitrise de la chaine de valorisation des produits agricoles (l'agro-alimentaire) est faible et ce, pour l'essentiel des filières agricoles à l'exception notable du Cameroun, pays disposant d'une agriculture de plantation avec une infrastructure de transformation quoiqu'insuffisante.
- la région apparaît très démunie au plan de ses infrastructures (voir chapitre 4). L'érection d'industries impose d'importants efforts de réalisation d'infrastructures énergétiques et de transport, avec les services logistiques associés.

Les économies de la Région doivent corriger les handicaps structurels à leur décollage économique que constituent un environnement globalement réfractaire à l'investissement privé productif et un retard en infrastructures de base support essentiel de la compétitivité des pays et des régions.

Un climat des affaires moins attrayant : les pays d'Afrique centrale en queue de pelletons du classement *Doing Business*

Les pays d'Afrique centrale sont en queue de pelletons du classement *Doing Business* de la Banque mondiale, un instrument de mesure de climat des affaires. L'idée qui sous-tend le classement Doing Business, selon son Rapport 2013[39], est que le secteur privé pourvoit environ

[39] Doing Business 2013, *Des réglementations intelligentes pour les petites et moyennes entreprises*, Rapport 2013, Banque mondiale et Société financière internationale, p. 15.

90 % des emplois dans les économies en développement. Les politiques gouvernementales créent un climat favorable aux affaires – avec des entreprises qui investissent, créent des emplois et améliorent la productivité – cela ouvre de plus grandes opportunités à tous. Les faits démontrent de plus en plus clairement que si les responsables politiques veulent renforcer le secteur privé, ils doivent s'intéresser non seulement aux facteurs macro-économiques, mais également à la qualité des mécanismes législatifs, réglementaires et institutionnels qui orientent l'activité économique au quotidien (voir encadré n° 2).

Encadré n° 3 : Les domaines prises en compte par *Doing Business*

Doing Business s'intéresse à plusieurs dimensions importantes du cadre réglementaire s'appliquant aux entreprises locales. Il présente des évaluations chiffrées des réglementations qui s'appliquent aux petites et moyennes entreprises locales dans différents domaines, notamment la création d'entreprises, l'obtention de permis de construire, le raccordement à l'électricité, le transfert de propriété, l'obtention de crédit, la protection des investisseurs, le paiement des taxes et impôts, le commerce transfrontalier, l'exécution des contrats et le règlement de l'insolvabilité. *Doing Business* examine également les réglementations relatives à l'embauche de travailleurs (…).
Pour l'élaboration de ses indicateurs, le projet *Doing Business* utilise deux types de données. Les premières proviennent de la lecture des textes législatifs et réglementaires de chaque économie. L'équipe *Doing*

Business, en collaboration avec les experts locaux, examine le droit des sociétés pour déterminer les obligations d'informations pour les transactions entre parties apparentées. Elle consulte aussi le droit civil pour déterminer le nombre de procédures requises pour régler un différend de vente commerciale devant les tribunaux locaux. Elle examine le code du travail pour trouver des données concernant les divers aspects des relations employeur-employé (…).

Source: Doing Business 2013, *op. cit.*, p. 16

Les pays de la région, notamment le Tchad, la RCA, la RDC et le Congo-Brazzaville rivalisent les derniers rangs du classement de la Banque mondiale, comme le montre le tableau n° 13. Le Rwanda (52e rang sur 185 économies classées en 2013) est le meilleur du classement en Afrique centrale. Ce pays affiche les plus grandes améliorations et offre même un meilleur climat des affaires que beaucoup de pays de l'Union européenne tels que la Pologne (55e rang en 2013), le Luxembourg (56e rang), l'Italie (73e rang), la Grèce (78e rang). Cela s'expliquerait, selon la Banque mondiale, par le fait que le Rwanda est un acteur constant dans la réforme de sa réglementation des affaires.

Les difficultés généralement rencontrées par les entreprises dans les pays de la région sont, entre autres : i) l'insuffisance de la fourniture de l'électricité, ii) les tracasseries fiscalo-administratives, iii) la forte concurrence du secteur informel, iv) la frilosité du système bancaire à octroyer des crédits et, v) l'insécurité dans certaines zones de production.

Pour sortir de l'économie rentière et diversifier leurs économies en vue de créer de la valeur ajoutée, de la richesse et des emplois pour leur nombreuse population sans emploi, les Etats d'Afrique centrale doivent offrir des conditions de nature à encourager des investissements dans le secteur privé, permettant de développer les petites et moyennes entreprises et industries (PME/PMI). Cela passe par, entre autres, la dotation en réseaux performants d'infrastructures ; la bonne gouvernance politique, économique, administrative et institutionnelle.

Tableau n° 13 : Classement sur la facilité de faire des affaires

	2011 (rang sur 183 pays)	**2012** (rang sur 183 pays)	**2013** (rang sur 185 pays)
Angola	171	172	172
Burundi	177	169	159
Cameroun	165	161	161
Centrafrique	182	182 (av. dernier)	185 (dernier)
Congo-Brazzaville	180	181	183
Gabon	160	156	170
Guinée équatoriale	161	155	162
RD Congo	176	178	181
Rwanda	50	45	52
Sao Tomé et Principe	174	163	160
Tchad	183 (dernier)	183 (dernier)	184 (av. dernier)

Source: Rapports Doing Business, Banque Mondiale.

<u>Encadré n° 4</u> : Au Congo-Brazza, faire des affaires c'est (un peu) la galère

Rodrigue est un jeune entrepreneur congolais, qui après avoir vécu en France pendant plusieurs années, a fait le choix de revenir au pays pour monter son entreprise de bâtiment et de décoration intérieure. Il confirme qu'il lui a fallu s'armer de patience pour réussir à faire venir les matériaux nécessaires au lancement de son entreprise :
« *J'ai commencé à travailler à Brazzaville, il y a un an et demi. Et je ne démarre véritablement mon activité que maintenant [l'article date du 05/12/2012]. J'ai eu besoin de tout ce temps pour maîtriser les procédures et dédouaner mes conteneurs de marbre et de pierres qui me permettent d'ouvrir. Il y a un grand nombre de formalités à remplir, il faut passer par différentes chambres et antichambres. Même pour un Congolais, comme moi, cela a été difficile de comprendre les rouages qui permettent de faire avancer le dossier. Il ne s'agît pas du tout de corruption pure et dure comme on l'imagine, c'est plus compliqué que cela. C'est un système personnalisé de services. A chaque étape il faut identifier la bonne personne, avoir son numéro de portable, la connaître et savoir à quel moment il faut donner quelques CFA, des petites sommes, pour que les formalités avancent* ».

<u>Source</u> : Slate Afrique, le 05/12/2012

L'Agriculture, occupe la majeure partie de la population active mais reste traditionnelle

Dans la plupart des pays d'Afrique centrale, l'agriculture représente 60 à 70% des emplois à temps complet et sert de base à quelques rares industries. Elle représente par ailleurs une part importante du PIB et des recettes d'exportations de nombre de pays (le Rwanda, le Burundi, Sao Tomé et Principe). Cependant, très peu de surfaces (moins de 5%) de terres arables de la région sont irriguées. L'agriculture est assujettie aux aléas climatiques, heureusement favorables dans la région. Le secteur souffre par ailleurs du manque de cohérence et du fait qu'on accorde un faible degré de priorité au développement du secteur, en dépit du fait que les Etats de la région adhèrent à *La Déclaration de Maputo* de 2003 qui demande aux Etats membres d'accroitre leurs dépenses publiques consacrées à l'agriculture et de les porter à 10%. Un engagement non respecté par presque tous les pays de la région.

L'agriculture de cette partie du continent noir est l'une des plus sous-capitalisées de toutes les régions du monde et est essentiellement traditionnelle, du fait de l'absence de motorisation, ce qui condamne les agriculteurs à de faibles productions car « on estime dans les conditions des milieux locaux qu'il faut seulement 4 heures avec un tracteur pour labourer un hectare, 4 jours avec une charrue attelée et environ 40 jours avec une houe »[40].

Or, les agricultures africaines et notamment de la région Afrique centrale étant généralement centrées sur la famille, elles sont traditionnelles et les productions sont d'abord mobilisées pour assurer les besoins des ménages et ne permettent pas toujours de réaliser les investissements nécessaires à l'amélioration des systèmes de production. Elles pourraient néanmoins contribuer à la réduction de la pauvreté en zones rurales (voir l'exemple burkinabé en encadré n° 5).

---

[40] Djimet-Baboun Armand, *Agriculture et développement dans le monde*, Paris, éditions Ellipses, 2006, p. 95.

Relever un double défi

En Afrique centrale, comme sur le continent en générale, l'agriculture doit répondre au double défi : le défi alimentaire – qui est aussi celui du défi démographique – et le défi du développement. Sur le second défit, Armand Djimet-Baboun : « Le défi du développement de l'agriculture est celui du développement dans sa globalité ; il passe donc par l'amélioration des structures et des infrastructures de manière générale : structures sociales, structures scolaires, sanitaires, infrastructures de transport... »[41].

En raison de l'absence d'organisation ou de politique appropriée, les zones à excédent vivrier peinent à approvisionner les zones à déficit vivrier sur le plan régional et la demande urbaine croissante de produits alimentaires et agricoles est en général couverte essentiellement par des importations en provenance de l'extérieur du continent. Comme le confesse le président du Cameroun, Paul Biya, parlant de l'agriculture et de l'élevage : « A mon sens, nous n'exploitons pas suffisamment nos potentialités dans ces secteurs. J'observe en effet que nous importons chaque année des contingents non négligeables de sucre et d'huile de palme alors que nous disposons de vastes espaces propres à ces cultures »[42].

Pour mémoire, le Cameroun a importé, en 2010, pour plus de 500 milliards de F CFA (1 milliard de dollars US) de denrées alimentaires avec en tête le riz, le poisson, le blé, les huiles et le lait. Ce qui donne amplement raison à Thomas Sankara qui déclarait : « Les Africains produisent

---

[41] Djimet-Baboun Armand, *op. cit.*, p. 108.

[42] Paul Biya, à l'ouverture du Comice (assemblée d'exploitants agricoles) d'Ebolowa au Cameroun, le 17 janvier 2011.

ce qu'ils ne consomment pas (coton, café, cacao, bois, etc.) et consomment ce qu'ils ne produisent pas (le lait, les céréales, le riz, le savon…) »[43], « Produisons ce que nous mangeons et mangeons ce que nous produisons », ajoutait-il. Ce qui ne peut se concrétiser que par la transformation des produits agricoles africains sur place. En effet, le développement est endogène !

La CEEAC a cependant élaboré un programme régional de sécurité alimentaire et une politique agricole commune. Des unités de transformation de produits agricoles, comme le café, le coton, le cacao et le bois, ont été créées dans un certain nombre de pays de la CEEAC. Ces unités contribuent à accroître la valeur ajoutée de ces produits et améliorent les revenus des producteurs.

Encadré n° 5 : Contribution de l'élevage à la réduction de la pauvreté rurale au Burkina Faso

Le Burkina Faso a fait tomber son taux d'extrême pauvreté de 37,3 ¨% entre 1994 et 2009 en tirant parti de l'élevage, ce qui a contribué à l'amélioration de la sécurité alimentaire et au développement humain en milieu rural. En 2007-2008, le revenu dégagé de l'élevage assurait 56 % des besoins alimentaires des ménages, 42 % de leurs dépenses de santé et 16 % des frais scolaires de leurs enfants. Les données provenant du gouvernement burkinabé et du PNUD (2011) font ressortir l'existence d'une forte corrélation inverse entre la pauvreté et les activités d'élevage en milieu rural.

[43] Thomas Sankara, président du Burkina Faso de 1983 à 1987.

De plus, le secteur de l'élevage a contribué à accélérer la croissance économique et à stabiliser l'économie.

Source : Gouvernement du Burkina Faso et PNUD, 2011.

Le commerce intra-régional insignifiant

Tableau n° 14 : Exportations entre les Communautés économiques régionales 2000-2007

	Exportations entre les CER (en millions de dollars US)
CEMAC	177
CEEAC	244
CEDEAO	4 287
UEMOA	1 192
COMESA	3 192
SADC	6 512

Source : Rapport conjoint CEA, UA, BAD, 2010, p.89

Comme le montre le tableau n° 14, les exportations entre les Etats de la CEMAC et de la CEEAC sont insignifiantes, ne dépassant pas 1% en moyenne dans la décennie 2000, comparées par exemple à la CEDEAO et à la SADC où elles sont respectivement de 22% et 33%.

Les structures de production et d'exportations des Etats de l'Afrique centrale sont orientées vers des produits de base (pétrole, minerais, bois, coton, cacao, café...) et la demande vient de l'extérieur. Ces Etats sont dépourvus de la capacité industrielle de produire des biens manufacturés diversifiés, qui favorisent le commerce sur les marchés régionaux.

La faible intégration physique de la région demeure l'un des grands obstacles au commerce intra-CEEAC, aux investissements et au développement du secteur privé. La mise en œuvre des programmes visant à construire des réseaux de transports et de communications, à mettre en valeur les ressources énergétiques et à favoriser la diffusion des technologies de l'information permettrait d'accélérer le développement des échanges et de transformer l'Afrique centrale en région attrayante pour les investissements. En effet, l'existence d'infrastructures pleinement opérationnelles est cruciale pour faciliter le commerce, réduire la pauvreté et permettre le transport sans heurt des biens, ainsi que la libre circulation des personnes. Cette problématique est développée, en chapitre 8.

L'Afrique centrale doit suivre l'exemple des pays d'Asie et d'Amérique latine. En effet, Sylvie Brunel[44] souligne que les pays asiatiques et latino-américains faisaient face, dans les années 1990, aux chocs externes pour favoriser la reprise de l'investissement et d'une forte croissance. Leur réussite aujourd'hui s'explique par, entre autres, l'adoption des réformes visant à favoriser le secteur privé par rapport au secteur public et le monde rural par rapport au monde urbain, ce que l'Afrique en général et

---

[44] Brunel Sylvie, *La coopération Nord-Sud*, Paris, éditions PUF, QSJ, 1997, p.30.

l'Afrique centrale en particulier n'ont pu faire, selon l'auteur, pour diverses raisons :
- le mauvais fonctionnement des infrastructures, à la fois insuffisantes au départ et très dégradées aujourd'hui, entraîne de multiples goulets d'étranglements ;
- l'Etat catastrophique de l'agriculture, explique le fait que les paysans ne répondent pas toujours à une augmentation des prix agricoles, (soit) parce qu'ils n'en ont pas la possibilité (faiblesse technique liée à l'absence de formation et d'encadrement en milieu rural, ce qui provoque un manque d'élasticité de l'offre ;
- l'absence d'intégration économique villes-campagnes, les marchés de biens et de services étant segmentés, avec de nombreux systèmes de prix, du fait du mauvais fonctionnement des infrastructures pour enlever, acheminer et stocker les récoltes, et de la tendance des urbains à se trouver vers les produits importés.

Chapitre 6 : La mal gouvernance en Afrique centrale : malédiction de ressources naturelles ou déficit de leadership ?

Où va l'argent du pétrole (ou de l'uranium, du diamant, etc.) ? C'est la question que l'on se pose souvent au sujet des pays africains riches en ressources naturelles – en pétrole notamment – et qui sont dépourvus d'infrastructures et affichent par ailleurs de faibles indicateurs de développement humain. La plupart des pays d'Afrique centrale vivent ce paradoxe, appelé par les économistes le « paradoxe de l'abondance ». En effet, les pays de cette région du continent connaissent, depuis plus d'une décennie, une croissance économique forte mais cela ne se traduit pas en progrès social. Les routes, écoles, hôpitaux, etc. font défaut. L'espérance de vie à la naissance, par exemple, est faible (entre 48 et 56 ans). La RDC, le Tchad, la RCA… qui figurent parmi les économies les mieux dotées en ressources naturelles au monde, occupent le bas du classement de l'Indice de développement humain (IDH). Tout indique que l'Afrique, et surtout l'Afrique centrale, souffre d'une mauvaise gouvernance des ressources et ne parvient pas à conserver les bénéfices tirés de ses ressources naturelles pour sa propre population. Cet état de fait conduit d'aucuns à parler de « malédiction des ressources naturelles » qui prive les générations actuelles et futures de la chance de construire un meilleur avenir.

De nombreux pays défaillants : mal gouvernance, la principale cause

De manière générale, on parle de la défaillance d'un Etat quand celui-ci n'est pas ou plus en mesure d'assurer la sécurité à l'intérieur de ses frontières, d'assurer les besoins de sa population en termes de représentation (démocratie, respect des droits et libertés, etc.) et de satisfaction de ses besoins fondamentaux (de santé, d'éducation, d'emploi, de sécurité alimentaire, etc.), de se doter en infrastructures (de communication, énergétique…) de qualité.

L'observation des réalités quotidiennes des Etats d'Afrique centrale montre que nombreux d'entre eux (en proportion plus élevée que dans d'autres régions) sont, en effet, dans ce cas. Cela se confirme par l'indicateur de la vulnérabilité de l'Etat que dresse tous les ans *The Fund for Peace*, une ONG américaine (voir tableau n° 15). En dehors d'une petite partie de territoire (les capitales et leurs alentours), la grande majorité des territoires de certains pays d'Afrique centrale sont laissés pour compte, dépourvus d'infrastructures et où il n'y a que faiblement la présence de l'Etat (ce qui est plus flagrant en RCA et en RDC).

Pour sortir de la situation de défaillance…

Il faut évidemment combattre les causes de la défaillance qui sont de nature politique, économique et sécuritaire.

Sur le plan politique, il faut travailler à construire des Etats forts et démocratiques avec des dirigeants légitimes et responsables, comme l'a si bien souligné Oumar Thiam, juriste et chercheur à l'université de Reims, qui a produit un intéressant article[45] en ligne à ce sujet. Pour cela, il faut que la démocratie soit une réalité dans ces Etats à travers l'organisation d'élections périodiques, libres, transparentes et sincères. Il faut aussi que la gestion des choses publiques soit inclusive et basée sur la poursuite de l'intérêt général. À cet égard, la mal gouvernance, la corruption, le détournement de deniers publics, etc. doivent être sévèrement punis par une justice indépendante et dotée en moyens. La transparence, la reddition des comptes et la démocratie participative (avec l'implication des populations et des acteurs non étatiques) doivent être érigées en règles d'or dans la gestion de nos Etats.

L'existence d'un régime politique stable et démocratique ne suffit cependant pas à lutter contre la défaillance de l'Etat, a, par ailleurs, noté Oumar Thiam. Encore faudrait-il que l'Etat soit présent sur toute l'étendue de son territoire pour satisfaire les besoins fondamentaux de sa population. Il faut implanter des écoles, des postes de santé et tous les services publics sociaux (eau, électricité, téléphone, assainissement, routes) dans les villages et coins reculés et démunis. Cela passe par une véritable politique de décentralisation qui responsabilise les pouvoirs locaux et s'accompagne d'un transfert effectif de moyens financiers et humains aux collectivités locales.

---

[45] Thiam Oumar : « L'Afrique, un continent d'Etats défaillants » in Seneweb.com, janvier 2013.

Sur le plan sécuritaire, il faut des effectifs conséquents, renforcer les capacités et les moyens des forces de sécurité et de défense nationale pour une garde et un contrôle effectifs et permanents des frontières.

Tableau n° 15 : La surreprésentation des Etats d'Afrique centrale dans le classement 2012 des Etats défaillants

Pays	**Rang (sur 177 pays classés)**	**Points (sur 120)**
Somalie	**1er**	**117,9**
R.D. Congo	2e	111,2
Tchad	4e	107,6
Centrafrique	10e	103,8
Burundi	18e	97,5
Cameroun	26e	93,1
République du Congo	33e	90,1
Rwanda	35e	89,3
Guinée équatoriale	43e	86,3
Angola	48e	85,1
Gabon	92e	74,6
Sao Tome et Principe	97e	73,9

Source: The Fund for Peace, ONG américaine

De nombreux pays riches en ressources naturelles laissent les pauvres au bord du chemin

Encadré n° 6 : Exemple de la situation vue de l'avenue Marginal à Luanda, que l'on rencontre dans presque toutes les métropoles d'Afrique centrale

La Marginal, cette grande avenue qui longe le front de mer tout autour de la baie de Luanda, la capitale angolaise, est un excellent endroit pour observer le paradoxe des ressources naturelles en Afrique. L'argent du pétrole l'a transformée. Aujourd'hui, sur le front de mer, le prix de l'immobilier est devenu l'un des plus chers au monde. Éparpillés le long de l'avenue, des copropriétés de plusieurs millions de dollars, des clubs privés et des boutiques répondent aux moindres désirs des élites du pays et des hôtels accueillent les dirigeants des compagnies pétrolières multinationales.

Quelques rues plus loin vers l'intérieur des terres, vous atterrissez dans un autre monde. À l'écart du front de mer se trouvent des bidonvilles où vit près de la moitié de la population de Luanda. De petites cabanes de bois et de tôle ondulée abritent des familles sans eau potable ni installations sanitaires. Pas de services de santé. Des enfants qui devraient être à l'école survivent en passant leur journée à ramasser de la ferraille, en mendiant dans les rues et en travaillant comme porteurs dans les docks.

Source : Africa Progress Panel, *op. cit.*, p.20.

L'opacité dans la gestion des ressources naturelles et l'enrichissement d'une minorité

La chose largement partagée au sommet de l'Etat en Afrique centrale est le penchant des chefs d'Etat d'avoir la mainmise sur les ministères en charge des Ressources naturelles (pétrole, mines, forêt...). Cela se traduit par la nomination à la tête de ces ministères, le plus souvent, des très proches des chefs d'Etat. L'exemple le plus symptomatique est celui de la République Centrafricaine où deux putschistes qui se sont succédé au sommet de l'Etat en 2003 et 2013 ont cru bon de nommer à la tête du ministère des mines leurs parents. En 2003, le putschiste François Bozizé y a nommé son neveu Sylvain Ndoutingaï et celui-ci est resté à la tête de ce Département, de façon ininterrompue, 8 ans durant. Michel Djotodia, un autre putschiste qui a renversé Bozizé en 2013, s'est précipité d'imposer au Maître Nicolas Tiangaye, Premier ministre, chef de gouvernement d'union nationale de la Transition, son frère nommé Herbert Gontran Djono-Ahaba au poste de ministre d'Etat chargé, entre autres, des mines et du pétrole, alors que le pays ne produit pas le pétrole en ce moment là. C'est le même cas de l'inamovible ministre de l'économie forestière du Congo-Brazzaville, Henri Djombo, plus de 15 ans à ce poste. Ce dernier est un très proche du président congolais, Denis Sassou Nguesso, tous les deux originaires du nord du Congo. Et d'ailleurs, le grand intérêt porté sur ce(s) ministère(s) n'est pas fortuit ! Il faut avoir le contrôle sur les contrats, les permis et diverses autorisations préalables à la prospection, à l'exploitation, à l'exportation de ces ressources. L'opacité règne autour de la délivrance des permis, des royalties versées par les compagnies bénéficiaires des autorisations, etc.

Dans un rapport sur la Centrafrique, daté de décembre 2010, intitulé *De dangereuses petites pierres*, International Crisis Group a très justement écrit : « la mainmise du gouvernement sur le secteur du diamant renforce son pouvoir et favorise l'enrichissement d'une minorité ».

En RDC, la Fondation *Africa Progress Panel* de Kofi Annan note qu'aucun pays n'illustre mieux l'importance des coûts liés à l'opacité du négoce des concessions que ce pays. La privatisation du secteur minier de ce vaste pays, très riche en ressources naturelles, a été marquée par une réelle culture du secret, des accords informels et des allégations de corruption, selon un rapport[46] de cette Fondation dont les résultats d'une enquête sur cinq accords entre 2010 et 2012 ont soulevé des questions fondamentales sur les pratiques qui entourent la gouvernance des ressources minérales en RDC : le pays a perdu au moins 1,36 milliard de dollars US de recettes provenant de la sous-évaluation des actifs miniers vendus aux sociétés offshore.

En Angola, le Fonds monétaire international a émis des critiques sur l'opacité des comptes angolais, après la découverte en décembre 2012 d'un trou inexpliqué de 32 milliards de dollars dans les finances du pays en lien avec des recettes de Sonangol (compagnie nationale pétrolière) non enregistrées.

Comme le rapporte la Fondation de Kofi Anan, Africa Progress Panel, les transactions commerciales complexes entre les agences gouvernementales et les investisseurs étrangers étaient frappées du sceau du secret : une pratique très propice à la corruption. Aujourd'hui encore, il y a trop de secret. Cependant, le milieu de la gouvernance des

[46] Africa Progress Panel, *op. cit.*, p. 56.

ressources est en train de changer, note la Fondation. Des partenariats internationaux tels que l'Initiative de transparence des industries extractives (ITIE) ont contribué à créer une nouvelle culture d'ouverture. Les gouvernements rendent publics les contrats concernant le pétrole et les minerais. De plus en plus de pays (la Guinée, la Sierra Leone, etc.) mettent en ligne le texte intégral des contrats portant sur toutes les grandes transactions minières.

Pour Terry Lynn Karl, chercheur à l'université Stanford (USA), cité par Xavier Harel[47], la découverte de pétrole dans un pays pauvre a des effets positifs indéniables : le revenu par tête s'envole, les finances publiques affichent une forme éblouissante, l'essor de l'industrie pétrolière crée des emplois, notamment dans la construction, les infrastructures de communication se développent. Mais l'euphorie engendrée par les pétrodollars laisse vite la place au piège de la rente. Ces grands travaux n'ont, plus souvent, aucun effet d'entraînement sur l'économie du pays. Mais ils génèrent une énorme corruption au moment des passations de marché, qui deviennent un passage obligé pour faire des affaires.

Les « Biens mal acquis » qui défrayent la chronique

L'expression « biens mal acquis » désigne l'enquête sur le patrimoine mobilier et immobilier acquis en France par les présidents africains Teodoro Obiang Nguema (Guinée équatoriale), Ali Bongo (Gabon) et Denis Sassou Nguesso (Congo) et leur entourage pour détournement de fonds

[47] Harel Xavier, *Afrique, pillage à huis clos. Comment une poignée d'initiés siphonne le pétrole africain*, éditions Fayard, 2006, p. 258.

publics, poursuivis par la justice française, suite à une plainte déposée en décembre 2008 par *Transparency International.* Comme par hasard, ces chefs d'Etat sont, tous les trois, des pays d'Afrique centrale, riches en ressources naturelles, en pétrole notamment. Un point commun au trois, la longévité au pouvoir : 25, 30 voire 40 ans de règne (pour Ali Bongo, en prolongement du règne de son père le feu Omar Bongo). L'abondance de ressources naturelles et la longévité au pouvoir favorisent l'accumulation des biens mal acquis, l'enrichissement personnel des tenants du pouvoir et de leur entourage.

Ces dirigeants sont accusés d'avoir acheté de nombreux biens mobiliers et immobiliers de luxe (hôtels particuliers, villas, appartements, voitures…), en utilisant des fonds publics.

Le fils du président équato-guinéen, le nommé Teodorin Nguema Obiang Mangue, est propriétaire d'un jet Gulfstream V dont la valeur est estimée à 38 millions de dollars US. Le Département de la Justice américaine avait demandé la saisie de ce jet privé, dans le cadre d'une enquête contre ce dernier. Pour le ministère de la Justice, Teodoro Nguema a acheté cet appareil avec de « l'argent provenant d'actes illicites, de vols, d'extorsions et de détournements de fonds publics ».

En avril 2013, un juge du district de Columbia aux Etats-Unis, Rudolph Contreras, a rejeté la demande de saisie du jet, statuant que le gouvernement n'avait pas présenté suffisamment d'éléments pour étayer sa demande de confiscation.

Comme on le voit, lorsque le détournement des deniers publics et la prédation des biens de l'Etat sont érigés en exercice national alors comment s'étonner qu'il n'y a pas de routes, d'électricité, d'eau courante, d'hôpitaux, d'écoles, de ponts, d'universités, etc. dans ces pays ?

L'état actuel des pays de la région, démunis de presque tout, n'est rien d'autre que le fait de la mal gouvernance. On ne peut accuser indéfiniment l'Occident, comme d'aucuns le font, d'empêcher les pays africains et notamment ceux d'Afrique centrale de se développer.

La lutte contre l'impunité : la CREI au Sénégal, un instrument qui doit servir d'exemple

Une juridiction spéciale, en sommeil depuis sa création 1981 et réactivée en 2012, la Cour de répression de l'enrichissement illicite (CREI) au Sénégal est un instrument qui mérite d'être regardée de près par les pays de la région.

La CREI est « chargée uniquement de réprimer l'enrichissement illicite et tout délit de corruption ou de recel connexe ». Les personnes susceptibles de comparaître devant cette cour sont des titulaires d'un mandat public électif ou d'une fonction gouvernementale, magistrats, agents civils ou militaires de l'État ou d'une collectivité territoriale, dirigeants d'établissements publics ou de sociétés nationales, etc.

Seulement, on peut déplorer le fait qu'il serait difficile à une telle Cour de poursuivre des accusés encore en fonction. L'exemple du Sénégal en est une illustration. Il a fallu attendre la fin de règne du président Abdoulaye Wade pour demander des comptes à certains poids lourds de son régime, au premier rang desquels son fils Karim Wade. Ce qui est inimaginable si le président Wade était encore aux affaires. Cet état de fait est dû au fait que la justice n'est guère indépendante dans les pays africains.

Dans tous les cas, il faut qu'à un moment ou à un autre, les gens qui détournent des biens publics – et notamment l'argent des contribuables – et qui s'enrichissent illicitement puissent rendre compte et, si possible, restituer les biens détournés. De cette manière, on pourrait en dissuader d'autres.

La gouvernance des institutions communautaires en question : exemples de la CEMAC, BEAC et BDEAC

La gestion peu orthodoxe, à une époque, du Bureau extérieur de Paris (BEP) de la BEAC, caractérisée par des multiples détournements de fonds, avait défrayé la chronique en 2009. Pas moins de 19 milliards F CFA (près de 30 millions d'euros) avaient été détournés, entre 2004 et 2008, par des cadres en poste au BEP et au siège de la Banque à Yaoundé. Il a été relevé, par une commission d'enquête interne, 2400 chèques frauduleux, plus de 1200 retraits en liquide, une quarantaine de virements frauduleux, etc.

Les méthodes employées par ces cadres véreux étaient : des fausses signatures de chèques, détournements de chèques, falsifications de relevés bancaires, maquillage d'écritures comptables, etc.

Des nombreux cadres en poste au BEP et au siège de la Banque à Yaoundé à l'époque des détournements (2004-2008) impliqués dans ce scandale, ont fait l'objet des poursuites judiciaires. Si en septembre 2012, la chambre criminelle du tribunal de grande instance du Mfoundi, au Cameroun, avait condamné l'ancien Délégué du Gouverneur à Paris, Roger Kemadjou, à l'emprisonnement à vie, certains accusés, pas les moindre, notamment Armand Brice Nzamba, ex-comptable au BEP et Maurice Moutsinga, ancien directeur de la comptabilité et du contrôle budgétaire au siège de Yaoundé, bénéficiaient d'une certaine complaisance dans leur pays, le Gabon.

Quant à la CEMAC, l'hebdomadaire *Jeune Afrique*, un des journaux de référence sur les informations économiques, politiques, culturelles et sociales en Afrique, avait réalisé une remarquable enquête[48] sur la gestion financière de la présidence de la CEMAC entre 2007-2012, correspondant à celle du camerounais Antoine Ntsimi. L'hebdomadaire a eu accès à une série de documents bancaires – portant sur l'année 2011 et sur les deux premiers mois de 2012 – qui indiquent une multiplication hors normes des retraits en espèces à partir du compte ouvert par la CEMAC auprès de la Banque des Etats de l'Afrique centrale (BEAC) à Yaoundé. Entre le 12 décembre 2011 et le 29 février 2012, par exemple, il est compté treize retraits de ce type pour une somme globale en liquide de 821 millions de F CFA (1,65 million de dollars). La quasi-totalité de ces prélèvements en caisse avait été effectuée par le représentant résident adjoint de la CEMAC au Cameroun, un certain Roger Faustin Ndzana, que le journal présente comme homme de confiance de monsieur Ntsimi depuis l'époque où ce dernier était ministre des Finances.

Il y a eu, par ailleurs, des multiples locations d'avions privés à des prix anormalement démesurés. Rien que pour le mois de février 2012, par exemple, les dépenses de location d'aéronefs privés du président de la Commission d'alors s'élevaient à 322 millions de FCFA (650.000 USD) ! Et tout cela, avec de l'argent retiré en espèces sur le compte de l'Institution.

Une réception donnée à l'hôtel Méridien Etoile de Paris, en février 2012, par le président de la Commission

[48] Voir *Jeune Afrique* n° 2673 du 1er au 07 avril 2012, p.30.

d'alors en l'honneur du Directeur Général de l'Agence française de développement (AFD) de l'époque, Dov Zerah, à l'occasion de la signature d'une convention budgétaire globale AFD-CEMAC. Pour onze convives, une facture pompeuse de 19.940 euros (13 millions de F CFA) est consignée dans les documents comptables de la Commission.

La BDEAC, autre institution de la CEMAC – présidée par le Gabonais Michaël Adandé – n'échappe pas non plus au problème de gouvernance. Dans une lettre, signée par un certain Thierry Mangout, adressée au comité d'audit en juin 2013, des cadres de la banque déplorent « le climat délétère fait d'intrigues et de coups tordus » qui y régnerait. Pour le seul mois de septembre 2012, cette banque de développement a enregistré la démission de six de ses cadres, notamment : (i) du responsable de l'unité environnemental ; (ii) du chef de division budget et contrôle de gestion ; (iii) du conseiller du président chargé des moyens et systèmes de paiement ; (iv) du chargé de l'audit interne ; (v) du chef de division administration, patrimoine et sécurité et (vi) de l'administrateur réseau.

Entre autres multiples problèmes de gouvernance relevés à la BDEAC, ce sont les nominations à des postes de responsabilité : alors que la banque est composée de 6 Etats, huit divisions sur douze, plus les présidences de l'assemblée générale des actionnaires et du comité d'audit seraient détenues, en juin 2013, par le seul Gabon.

Vaincre la malédiction des ressources naturelles : s'inspirer du programme norvégien « Pétrole pour le développement »[49]

Nous avons vu que l'abondance des ressources naturelles en Afrique centrale ne signifie pas systématiquement croissance et développement. Au lieu d'améliorer les conditions de vie des populations, ces ressources sont devenues une malédiction. La richesse en pétrole, minerais, bois, etc. mal gérée entraîne de mauvaises performances économiques, l'appauvrissement des populations, l'aggravation des conflits, etc.

Pour Heikki Holmås et Joe Oteng-Adjei (respectivement ministre du Développement international de Norvège et ministre de l'Énergie du Ghana, en 2012), cette malédiction tient à de multiples raisons : l'absence de démocratie, d'obligation redditionnelle et de transparence peut favoriser la recherche de rente. Les dirigeants peuvent, en se focalisant sur les richesses naturelles, négliger les secteurs manufacturier et agricole à vocation exportatrice, mettant ainsi à mal leur compétitivité (problème appelé le « syndrome hollandais », définit dans le chapitre 5). L'instabilité notoire des prix pétroliers peut déstabiliser une économie.

Mais ce phénomène n'est pas inéluctable. Des décisions fondamentales, prises très tôt, sont cruciales pour orienter la mise en valeur des ressources naturelles à l'avantage des citoyens ordinaires. D'une manière générale, il faut faire évoluer simultanément l'exploitation des

[49] Cette partie s'appuie sur l'article de Heikki Holmås et Joe Oteng-Adjei : « Vaincre la malédiction des ressources en minéraux et combustibles au Ghana » in OCDE, Coopération pour le développement 2012, *Comment intégrer durabilité et développement*, OCDE, Paris, 2012, pp.137-147.

ressources, les infrastructures, la gouvernance, la société civile et la transparence.

Le pétrole a été découvert sur le plateau continental norvégien dans les années 60. Selon les données de 2012, la Norvège produit plus de 2,1 millions de barils par jour et est le 7e exportateur et le 14e producteur de pétrole au niveau mondial.

Les revenus pétroliers de la Norvège sont déposés dans sa Caisse de retraite publique globale. À la fin de 2011, la valeur du fonds déposé à cette caisse était largement supérieure à 500 milliards USD, ce qui correspond à plus de 100.000 USD par habitant. Il existe au niveau politique un large accord sur la règle selon laquelle le déficit budgétaire structurel de la Norvège ne doit pas dépasser le rendement escompté du capital du Fonds (provenant des revenus pétroliers), estimé à 4 % par an en moyenne ; l'idée est d'injecter progressivement dans l'économie les recettes pétrolières à un rythme soutenable, dans l'intérêt des générations futures et indépendamment des fluctuations des prix.

La Norvège a dépensé 300 millions USD pour aider d'autres pays à gérer durablement leurs revenus pétroliers. C'est un programme de coopération de la Norvège, baptisé « Pétrole pour le développement », lancé en 2005. Inscrit dans une approche globale, il embrasse la gestion des ressources, des recettes et de l'environnement. Il privilégie de manière systématique les principes essentiels qui régissent la bonne gouvernance – transparence, reddition de comptes et lutte contre la corruption – et apporte un soutien aussi bien aux institutions publiques qu'à la société civile. L'objectif visé est d'encourager une gestion économiquement, écologiquement et socialement responsable des ressources pétrolières, tout en protégeant les intérêts des générations futures. Aujourd'hui, des activités sont conduites dans le cadre de ce programme dans plus de 20 pays du monde, dont 14 en Afrique, où ses principaux partenaires sont le Ghana, l'Ouganda, le Soudan, le Soudan du Sud et le Mozambique.

S'il a fallu 25 ans à la Norvège pour mettre en place sa Caisse de retraite publique globale, le Ghana, grâce à l'appui du programme norvégien « Pétrole pour le développement », a créé un dispositif analogue en 25 jours environ après le début de la production de pétrole.

La politique des résultats : exemples du Rwanda et du Burundi

Le Rwanda est un pays qui revient de loin, faisant allusion à 3 décennies de crises politico-militaires ayant abouties au génocide de 1994 qui a ravagé le pays. Mais il s'est très vite relevé, de l'avis de nombreux observateurs. En moins de deux décennies, le pays enclenche de manière palpable la réduction de la pauvreté, se modernise et inspire confiance aux investisseurs.

En matière de la lutte contre la pauvreté, l'instauration du système assurance-maladie est un élément concret. En effet, le Rwanda, en partenariat avec *Partners in Health*, une ONG américaine, dispose d'un système d'assurance-maladie depuis 1999 ; plus de 90 % des habitants sont couverts et la cotisation annuelle s'élève à 2 dollars US. Un paradoxe pour un des plus pauvres pays du monde, qui fournit une couverture sociale à un plus grand pourcentage de ses citoyens que certains pays parmi les plus riches du monde. Pour 2 dollars, la couverture santé permet d'apporter les soins de base pour traiter les principales causes de maladies mortelles : diarrhée, pneumonie, paludisme, malnutrition, coupures infectées, etc.

En plus d'actes concrets sur le plan social, le succès d'un emprunt obligataire en 2013, est révélateur d'une économie dynamique, de l'attractivité d'un pays qui inspire confiance aux marchés financiers. Le Rwanda a, en effet, émis en avril 2013 un emprunt obligataire pour un montant de 400 millions de dollars, remboursables sur dix ans à un taux d'intérêt de 6,8%t. Les marchés internationaux ont massivement répondu favorablement. L'emprunt a ainsi largement dépassé les attentes du gouvernement rwandais, générant plus de 3 milliards de dollars, alors que certains pays dits riches (la Grèce, le Portugal, l'Espagne, l'Italie...) n'inspiraient pas, à la même année, une telle confiance sur les marchés financiers.

Le Rwanda, dont la population est encore largement rurale, cherche à développer ses services et ambitionne de devenir *"le Singapour de l'Afrique"*. L'emprunt est ainsi destiné à diversifier et à augmenter les sources de financement du pays afin de réduire le déficit d'investissement dans ses infrastructures. L'emprunt va, par ailleurs, servir à finaliser la construction d'un important centre de conférences, le Kigali Convention Center.

Le pays est réputé avoir des rues propres, un faible taux de délinquance et, chaque mois, tous les Rwandais consacrent une journée à rendre des services à la communauté, comme la plantation d'arbres.

Le Burundi, pays voisin du Rwanda, instaure ou initie une politique volontariste de résultats au sommet : le contrat d'objectifs.

En février 2011, tous les membres du gouvernement burundais avaient signé un contrat d'objectifs à remplir sur les six premiers mois de l'année, sous peine d'être démis de leurs fonctions. En novembre de la même année, l'heure était à l'évaluation et le président burundais Pierre Nkurunziza a procédé au remaniement ministériel. Six ministres – dont ceux de la Sécurité publique et des Relations extérieures – ont été limogés pour n'avoir pas rempli leurs objectifs. Certains, les « bons élèves », ont vu leurs fonctions renforcées. Parmi ces derniers, la ministre des Finances, Clotilde Nizigama, a vu son portefeuille élargi à la Planification du développement économique.

Cette initiative, rare en Afrique, ne doit pas rester une mesure sans suite, mais plutôt être érigée en règle afin d'inculquer la culture des résultats aux hommes et femmes auxquels il est confié des hautes responsabilités publiques d'intérêt général pour éviter que ceux-ci se complaisent dans le confort et le privilège du pouvoir et se contentent de se reposer sur leurs oreillers.

Le Burundi qui, comme de nombreux pays d'Afrique centrale, a connu de multiples crises politico-militaires, est sorti d'une longue guerre civile en 2006. Avec une relative stabilité retrouvée, il joue aujourd'hui de plus en plus un rôle actif dans le maintien de la paix en Afrique et même en dehors du continent (en Haïti). Le Burundi compte en effet plusieurs centaines, voire des milliers, de soldats dans : la Mission de l'Union africaine en Somalie (Amissom) dont il assure le commandement depuis décembre 2013 ; la Mission ONU-Union africaine au Darfour (Minuad) ; la Mission internationale de soutien à la Centrafrique (Misca), etc. Ces contributions, louables pour un pays pauvre qu'est le Burundi, donne à ce pays d'Afrique centrale un certain poids – lui conférant une respectabilité – sur le plan régional, continental et international.

Pour la bonne gouvernance, un mécanisme auquel il faut s'adhérer

Le Mécanisme africain d'évaluation entre pairs (MAEP) est un instrument lancé en 2003 par l'Union africaine auquel adhérent volontairement les Etats membres de la dite Union en tant que mécanisme africain d'auto-évaluation. Une décennie après sa création, rares sont les pays d'Afrique centrale qui adhérent au MAEP. Il est temps que les pays de la région y adhèrent car il les amènera à améliorer leur gouvernance pour la satisfaction de leurs populations.

<u>Encadré n° 7</u> : Mécanisme africain d'évaluation entre pairs (MAEP)

Mandat du MAEP. Consiste à s'assurer que les politiques et pratiques des Etats parties sont conformes aux valeurs convenues dans le domaine de la gouvernance politique, économique et des entreprises, ainsi qu'aux codes et normes de la Déclaration sur la gouvernance démocratique, politique, économique et des entreprises. Le MAEP est un instrument accepté mutuellement par les Etats parties pour leur autoévaluation.
Objectif du MAEP. Il est d'encourager l'adoption de politiques, normes et pratiques en vue de promouvoir la stabilité politique, une croissance économique élevée, un développement durable et une intégration économique sous-régionale et continentale accélérée grâce au partage des expériences et au renforcement des meilleures pratiques et des acquis, y compris l'identification des lacunes et l'évaluation des besoins dans le domaine du renforcement des capacités.

Principes du MAEP. Toute évaluation entreprise dans le cadre du Mécanisme doit se faire sur la base des compétences techniques et doit être crédible et libre de toute manipulation politique. Tels doivent être les principes directeurs du Mécanisme.

Source : NEPAD, *Mécanisme africain d'évaluation entre pairs (MAEP)* : document de base, Midrand (Afrique du Sud), 2003.

Le déficit du leadership…

« Le leadership, définit la capacité d'un individu à mener ou conduire d'autres individus ou organisations dans le but d'atteindre certains objectifs. On dira alors qu'un leader est quelqu'un qui est capable de guider, d'influencer et d'inspirer.

Un leader se distingue d'un gestionnaire ou d'un décideur, lequel a des capacités pour l'administration, sans pour autant ''mener'' le groupe, l'organisation ou le pays à un autre stade de son développement. Un bon gestionnaire peut être un leader, mais les deux qualités ne sont pas automatiquement liées »[50].

En se référant à cette définition, il est difficile de parler de leadership (politique) dans les classes dirigeantes des pays d'Afrique centrale, c'est-à-dire des hommes et femmes ayant la capacité à fédérer et à mobiliser des énergies autour d'une action collective en vue de mener les pays de la région à un autre stade de leur développement. Les dirigeants de ces pays ne savent pas suffisamment

[50] Définition de l'équipe *Perspective Monde* de l'université de Sherbrooke au Canada. Voir le lien : http://perspective.usherbrooke.ca/bilan/servlet/BMDictionnaire?iddictionnaire=1619, consulté sur le 13/01/2014.

anticiper. Il leur manque la faculté prospective, la faculté d'anticipation des grandes problématiques. On le voit, malgré les énormes potentialités – jamais égalées –, les pays sont en bas de classement de tous les indicateurs de développement. Ce qui est une preuve de l'incapacité des dirigeants à régler concrètement les problèmes de leur pays, de leur peuple. En dépit de cela, ils sont adeptes de la longévité au pouvoir et ce, à n'importe quel prix, même celui de l'utilisation de la violence.

C'est l'autoritarisme qui caractérise les régimes et non la persuasion, l'entraînement. Ces dirigeants sont plus enclin à s'entourer de leur clan, des griots, des courtisans, des dociles, des parvenus et moins des vraies compétences, des talents dont ils se méfient. Dans ces pays, comme l'a si bien écrit l'essayiste centrafricain, Jean-Paul Ngoupandé, « Les compétences ne sont [donc] ni protégées ni encouragées. Elles n'ont souvent que le choix entre l'exil et la compromission, c'est-à-dire le renoncement à la rigueur et au sérieux pour survivre »[51]. Une assertion qui rejoint celle de Jean-Christophe Mitterrand, ancien « Monsieur Afrique » de son père François Mitterrand, qui estime qu'une des faiblesses significatives en Afrique est la redistribution du pouvoir : « Quand on prend le pouvoir, on l'empoche. Quand l'ethnie prend le pouvoir, elle le redistribue à ses membres. Et ce ne sont pas forcément les ethnies majoritaires qui sont les plus puissantes. Le système fermé de l'ethnie lui permet de garder le pouvoir plus longtemps »[52], a-t-il écrit.

Le favoritisme d'une part et l'exclusion d'autre part, sont la négation de leadership, lequel rime avec le sens

---

[51] Ngoupandé Jean-Paul, *L'Afrique sans la France*, Paris, éditions Albin Michel, 2002, p.375.

[52] Mitterrand Jean-Christophe, *Mémoire meurtrie*, Paris, éditions Plon, 2001, p.113.

élevé de l'intérêt général, de la justice, de l'équité. De par les pratiques des dirigeants, il n'existe pas, en Afrique centrale, de leadership politique digne de ce nom.

Par ailleurs, la légitimité est chose importante dans le leadership. La légitimité que les élites politiques prétendent ou estiment détenir est sujette à caution. En effet, la légitimité s'obtient de trois manières, à savoir par : (i) le charisme qui fait que les gens se rangent spontanément derrière vous ; (ii) la compétence qui vous procure le respect des autres, et/ou (iii) l'élection qui est le résultat de l'adhésion de la majorité des gens à vos idées. Rares sont les dirigeants d'Afrique centrale remplissant l'un ou l'autre de ces critères. Quant aux élections dans les pays de cette région, elles sont, la plupart des cas, ni libres, ni transparentes, ni crédibles.

Ces dirigeants, le plus souvent, utilisent la violence et/ou instrumentalisent les ethnies, les régions, la religion…pour parvenir au pouvoir, ainsi que pour le conserver le plus longtemps possible. Ils concentrent davantage leurs énergies pour le renforcement de leur pouvoir personnel et moins pour bâtir des institutions solides. Si ces derniers écoutaient l'appel du président américain, Barack Obama, selon lequel « l'Afrique n'a pas besoin d'hommes forts, mais d'institutions fortes »[53], le continent noir avancerait !

On se souvient de la gestion de l'affaire *Arche de Zoé* au Tchad en 2007 qui est un triste exemple de la faiblesse des institutions en Afrique. En effet, suite à la tentative ratée d'une ONG française dénommée *Arche de Zoé* qui a arraché une centaine d'enfants tchadiens de leurs parents – soi-disant des orphelins du Darfour (en plein milieu de la

[53] Extrait du discours du président américain, Barack Obama, prononcé à Accra, au Ghana, en juillet 2009.

crise du Darfour) – pour les amener en France afin de les confier à des familles désirant adopter, le responsable de l'ONG, Eric Breteau, ainsi que des humanitaires et journalistes français et espagnoles sont arrêtés au Tchad et remis à la justice de ce pays. Le président français d'alors, Nicolas Sarkozy, déclara, au sujet des journalistes : « j'irai les chercher, quoi qu'ils aient fait ». Ce dernier, joignant l'acte à la parole, a pris son avion, est allé à N'Djamena, au Tchad, récupérer ces journalistes, pour les ramener triomphalement en France et cela, devant les caméras du monde entier (les chaînes d'informations en continu passaient en boucle les images) et notamment sous le regard médusé des Africains qui se sentaient humiliés. Pour réaliser cela, il a fallu convoquer, par le pouvoir tchadien, un dimanche, les juges en charge de l'affaire – et ceci, pour mettre de la forme à une décision politique – pour instruire la libération des journalistes. Les choses ne se seraient pas passées ainsi sous d'autres cieux ! C'est là un exemple patent de la faiblesse des institutions en Afrique, en l'occurrence, le pouvoir judiciaire est à la botte de l'exécutif, une preuve de l'absence d'indépendance de la justice.

Qui dit malédiction des ressources naturelles ?

Il n'y a pas de malédiction des ressources naturelles qui vaille. Les pays d'Afrique centrale ne sont pas les seuls, au monde, riches en ressources naturelles. Pourquoi beaucoup d'autres pays du continent et d'ailleurs, aux potentialités comparables, voire moindre, ont su mettre en valeur leurs ressources et utiliser judicieusement les revenus pour le bien-être de leurs populations ? Des exemples ne manquent pas : les monarchies du Golfe, la Libye (du temps de Kadhafi), le Botswana, l'île Maurice, la Côte-d'Ivoire (du temps d'Houphouët-Boigny) pour ne citer que ces pays là.

Dans la région, c'est la vision pour entraîner les pays vers le développement, les peuples vers des meilleures conditions de vie qui manque. Comme l'a écrit Eugène Nyambal[54], « La différence entre les nations qui réussissent et celles plongées dans le cercle vicieux de la pauvreté réside en grande partie dans la manière dont les élites fondent et exercent leur pouvoir au sein de la société. Contrairement aux nations industrialisées et aux pays émergents d'Asie où le contrat social est basé sur l'amélioration du bien-être collectif, la légitimité du pouvoir en Afrique s'appuie essentiellement sur une gestion patrimoniale à l'intérieur et le soutien extérieur. Une telle conception du pouvoir est incompatible avec tout effort de développement ».

[54] Nyambal Eugène, *Afrique : les voies de la prospérité. Dix clés pour sortir de la pauvreté*, éditions l'Harmattan, 2008, 242p.

Chapitre 7 : La gestion des affaires politiques en Afrique centrale : propension à s'accrocher au pouvoir, germe d'instabilité politique dans la région

Faisant allusion à la révolution burkinabé d'octobre 2014 ayant conduit au renversement du Régime de Blaise Compaoré – resté 27 ans au pouvoir –, le président français, François Hollande, déclare devant ses pairs africains et d'ailleurs : « Le peuple burkinabè a fait une belle démonstration. Ce qu'a fait le peuple burkinabè doit faire réfléchir ceux qui veulent se maintenir au pouvoir en violant l'ordre constitutionnel »[55]. Même si d'aucuns qualifient de récupération ou d'opportuniste cette prise de position tardive du président français, elle a le mérite de mettre les points sur les « i » et, peut-être, de dissuader certaines velléités, surtout de ceux des dirigeants qui comptent sur l'appui tacite (le silence) de Paris, parce que croyant être les garants des intérêts de l'Hexagone et de l'Occident en général.

L'Afrique, dans sa majeure partie, souffre d'un déficit de démocratie, de gouvernance, de culture politique alors

---

[55] Extrait de Discours du Président français, François Hollande, à l'ouverture du XVe Sommet de la Francophonie, à Dakar, le 29 novembre 2014.

que les populations aspirent à plus de démocratie, de transparence, de justice et de mobilité.

L'ancien secrétaire général des Nations unies, Kofi Annan, a fustigé en juillet 2007 dans un discours prononcé en honneur de l'ancien président sud-africain Nelson Mandela qui célébrait son 89e anniversaire, les dirigeants inamovibles. « Environ la moitié des conflits armés et près des trois quarts des forces de maintien de la paix se trouvent en Afrique. Ceci parce que des millions d'Africains sont encore à la merci de régimes brutaux (...) qui ne montrent aucun respect pour les droits humains ou même pour la vie humaine », avait dénoncé Monsieur Annan qui ajoute à l'endroit de Nelson Mandela : « Quel merveilleux exemple sur un continent où les présidents ont, dans certains cas, défié ou changé la Constitution de leur pays et se sont cramponnés au pouvoir durant des décennies ». L'Afrique centrale est particulièrement concernée par les observations, suscitées, de Kofi Anan. Pour cause, la région compte de nombreux foyers de tensions et des dirigeants inamovibles, comme le montre le tableau n° 16 de longévité au pouvoir des chefs d'Etat.

Tableau n° 16 : Longévité (nombre moyen d'années) au pouvoir des chefs d'Etats

Zone	**Nombre moyen d'années au pouvoir des chefs d'Etats au 31 décembre 2012**
CEMAC (Afrique centrale)	21 ans, 2 mois et 8 jours
CEEAC (Afrique centrale)	19 ans, 9 mois et 7 jours
CEDEAO (Afrique de l'Ouest)	5 ans, 6 mois et 3 jours
SADC (Afrique australe)	10 ans, 7 mois et 27 jours

La faiblesse de longévité au pouvoir en Afrique l'Ouest s'explique par le fait que cette région connaît régulièrement l'alternance politique. Entre 2010 et 2012, par exemple, la zone CEDEAO a connu cinq alternances politiques, à travers des élections démocratiques, au Ghana, en République de Guinée, au Niger, au Nigeria et au Sénégal. Ce qui n'est pas le cas en Afrique centrale.

La révision des Constitutions, synonyme de fermeture de la porte à l'espoir et germe d'instabilité

Nombreux sont les régimes d'Afrique centrale qui, systématiquement, par des textes de lois et de décrets, vident de leur substance les droits protégés par la Constitution.

« Je prends cet engagement publiquement : je ne serai pas candidat à l'élection présidentielle en 2006. Je ne modifierai pas la Constitution quand bien même j'aurais une majorité de 100% ! Je le dis haut et fort : ce qui me reste à faire au cours de mon dernier mandat, c'est de préparer le Tchad à l'alternance au pouvoir, une alternance démocratique, pacifique, sans rupture. Je veux que ce pays passe d'une étape à une autre, en douceur, sans déchirure. Voilà la responsabilité qui sera la mienne. Je l'assumerai quoi qu'il arrive », avait déclaré Idriss Deby à la presse[56] en juin 2001. Il modifiera la Constitution en 2006.

Moins de deux ans plus tard, Idriss Deby échappe de justesse à une tentative de renversement de son régime. En effet, en février 2008, des colonnes de trois groupes rebelles tchadiens, parties du Soudan, ont réussi en moins d'une semaine à entrer et occuper la ville de N'Djamena, capitale du Tchad. Acculé de fait dans son palais, le président Deby a réussi – grâce à l'aide des soldats français du dispositif « Epervier » basé au Tchad – à se sauver. Le soutien de la France avait été décisif.

La suite ? Idriss Deby s'est fait réélire en avril 2011 – pour un quatrième mandat – dès le premier tour de l'élection présidentielle à plus de 88 % des voix, face à des adversaires qui se sont présentés pour faire de la figuration. L'opposition avait, dans son ensemble, boycotté l'élection.

L'article 6 de la Constitution camerounaise limitait également à deux le nombre de mandat présidentiel. Une révision de cette Constitution en avril 2008 a permis au président Paul Biya, au pouvoir depuis 1982, de se

---

[56] Déclaration du Président Idriss Déby, le 05 juin 2001, *Le Monde / RFI / Africa N°1.*

représenter et de remporter la présidentielle en 2011, à 78 ans. Une manifestation organisée par le principal parti de l'opposition, le Social Democratic Front (SDF), en février 2008 contre la révision a été réprimée. A propos de cette répression, la journaliste française, Fanny Pigeaud, a écrit : « des centaines de jeunes ont manifesté pendant plusieurs jours contre la vie chère et un projet de modification de la Constitution donnant la possibilité à Paul Biya de briguer un nouveau mandat fin 2011. Cette situation quasi-insurrectionnelle a causé la mort de plusieurs dizaines de personnes, tuées par les forces de sécurité. Malgré ces évènements, la révision constitutionnelle a été adoptée, montrant un président crispé sur son pouvoir »[57].

La déclaration de Barack Obama à Soweto lors de la cérémonie d'hommage à Nelson Mandela, le 10 décembre 2013, littéralement ovationné par la foule : « *Trop de dirigeants se disent solidaires du combat de Madiba pour la liberté, mais ne tolèrent pas la même chose pour leur propre peuple* », trouve, dans ces cas ci-dessus, toute sa résonnance.

La réforme constitutionnelle n'est certes pas un acte anticonstitutionnel…

Il convient de noter qu'une réforme constitutionnelle n'est pas anticonstitutionnelle. Seulement, la suppression de la limitation du mandat ferme la porte à tout espoir. Parce que, quand un chef d'Etat reste plus de 20 ans au pouvoir (c'est hélas le cas dans nombre de pays d'Afrique centrale) et que sa politique n'apporte pas de réponses

---

[57] Pigeaud Fanny, *Au Cameroun de Paul Biya,* Paris, éditions Khartala, 2011, 276 p.

concrètes aux problèmes des populations et que ce chef d'Etat révise la Constitution pour se maintenir au pouvoir, c'est désespérant. Même si on peut admettre que l'alternance à la tête de l'Etat ne règle pas forcément les problèmes, elle est nécessaire. En effet, à partir du moment où un président en exercice qui a déjà fait plusieurs mandats, commence à modifier la Constitution, l'opposition est en droit de se demander si la porte de l'accession au pouvoir ne lui est pas définitivement fermée car comment la démocratie dans un pays peut-elle être vivante, si la question de l'alternance n'est pas clairement définie ?

La succession démocratique au pouvoir permet d'une part, aux élites politiques de susciter un renouvellement du personnel politique et d'autre part, aux populations d'espérer ! La question du respect de la Constitution est donc véritablement centrale dans nos pays qu'ils soient économiquement solides ou en difficulté.

La révision des Constitutions pour des mandats illimités est, par ailleurs, un germe d'instabilité politique en Afrique. Au lieu de jouer au sapeur pompier pour sauver des régimes africains en perdition ou pour arrêter des pertes en vies humaines, des sangs qui coulent, les Etats-Unis, la France, l'UE, l'ONU et aussi l'UA (même si celle-ci est considérée par l'opinion africaine comme étant un syndicat des chefs d'Etat du continent), feraient mieux d'intervenir, amicalement mais fermement, en amont pour dissuader des chefs d'Etat qui se livrent à cela. D'autant que pour de nombreux dirigeants africains, rappelons-le, ce que disent Paris, Bruxelles, Washington…compte plus que des protestations de leurs citoyens. Tout prête à croire que cette catégorie de dirigeants tire plus leur légitimité de l'Occident que de leurs propres peuples.

En lisant l'universitaire et l'égyptologue congolais, Théophile Obenga, une réponse contre la présidence à vie se trouverait dans la mobilisation de la jeunesse : « La jeunesse africaine doit faire bouger les choses, développer des idées novatrices, s'organiser au plan continental panafricain, ambitionner une Afrique différente de celle des "pères-fondateurs" et des "présidents-à-vie" (protégés par l'Occident, pour les seuls intérêts occidentaux) »[58].

...mais résister à la tentation de sauter le verrou de limitation du nombre de mandats permet d'entrer dans l'Histoire

« La Constitution vous donne droit à deux mandats de cinq ans. Vous devez donc, si vous êtes réélu, quitter le pouvoir au plus tard en 2016, à l'âge de 45 ans. Ne serez-vous pas tenté de faire modifier cette disposition pour demeurer aux affaires ? », demande à Joseph Kabila, le journaliste François Soudan de *Jeune Afrique*[59]. Le président congolais répond : « La Constitution, c'est sacré... ». Le journaliste réplique : « Certains de vos pairs l'ont dit. Avant de changer d'avis ». Joseph Kabila rassure : « Mais Joseph Kabila n'est pas comme les autres. J'ai donné ma parole d'honneur en promulguant cette Constitution, je n'y toucherai donc pas. Le pouvoir use. Il faut savoir s'arrêter ». François Soudan insiste : « Doit-on vraiment vous croire ? ». Le président Kabila martèle :

[58] Obenga Théophile, *Appel à la jeunesse africaine : Contrat Social Africain Pour le 21ème siècle*, éditions Ccinia Communication, 2007, p.10

[59] Interview de Joseph Kabila, Président de la R.D. Congo, accordée à l'hebdomadaire *Jeune Afrique* n° 2424, du 24 au 30 juin 2007, recueillie par François Soudan.

« Je vous donne ma parole d'officier. Que voulez-vous de plus ? ».

Résistera-t-il ? Ne résistera-t-il pas ? Il faut croiser les doigts et dire : pourvu que Joseph Kabila – qui a remporté une belle victoire en novembre 2013, celle de défaire la rébellion M23 dans l'est de la RDC – résiste à la sirène du pouvoir. Une sirène généralement entretenue par l'entourage des dirigeants, soi-disant conseillers, désirant rester aussi longtemps que possible aux affaires dans le seul but de conserver le confort, le privilège et les avantages matériels que confère le pouvoir.

Beaucoup de chefs d'Etat en Afrique ont pu résister à l'envie de s'éterniser au pouvoir : Alpha Oumar Konaré du Mali, Mathieu Kérékou du Benin (à l'issue de son second passage à la tête du pays), John Kufuor du Ghana, Olusegun Obasanjo du Nigeria, Nelson Mandela qui pouvait même rester au pouvoir jusqu'à la fin de sa vie… Ne voulant pas comparer les pays africains à des grandes démocraties occidentales, dans les pays émergents non africains des exemples sont tout aussi nombreux : Lula da Silva au Brésil est parti du pouvoir au sommet de sa popularité ; les présidents chinois – qui ne sont pas élus au suffrage universel mais par le congrès du Parti Communiste chinois – ne font que deux mandats de 5 ans ; Mahmoud Ahmadinejad d'Iran, tant décrié en Occident, a respecté les deux mandats de 4 ans prescrits par la Constitution de son pays. Ce faisant, ces dirigeants précités, parmi tant d'autres, ont contribué à installer une démocratie apaisée dans leurs pays respectifs et entrent, de manière positive, dans l'Histoire.

Nous aurons, hélas, beaucoup de peine à trouver des exemples comme ceux-là en Afrique centrale. Se croire irremplaçable, c'est un mépris, voire une insulte, envers tout son peuple car c'est une manière de penser que sur des millions de ses concitoyens, il n'y a personne aussi intelligent ou ayant des (supposées) qualités que soi ! Entre partir du pouvoir par la petite porte comme Mobutu Sese Seko du Zaïre (en 1997), Zine el-Abidine Ben Ali de la Tunisie, Hosni Moubarak d'Egypte, etc. laissant leurs pays en décrépitude, ou, partir par la grande porte comme Alpha Oumar Konaré du Mali, John Kufuor du Ghana, etc., le choix à faire est clair, si l'on est doté d'un minimum d'intelligence !

« C'est une question élémentaire de respect envers les institutions et envers vous, chers concitoyens. Après 20 ans de règne, j'estime donc que le moment est venu de passer le flambeau à la génération suivante », que cet extrait du discours d'abdication, en juillet 2013, du Roi Albert II de Belgique, puisse raisonner à l'oreille des chefs d'Etat de la région qui se cramponnent au pouvoir.

En Afrique aussi, les dirigeants doivent s'inscrire dans le sens de l'histoire, autrement dit, être du bon côté de l'histoire, comme aime dire Barack Obama.

Paix et sécurité, une préoccupation en Afrique centrale

Rares sont les pays d'Afrique centrale qui n'ont pas connu de crises militaro-politiques, de coups d'Etats ou de guerres civiles, ces dernières décennies. L'Angola a connu 27 ans de guerre civile ; le Tchad, deux décennies ; Le Rwanda et le Burundi, de nombreuses années de guerres inter-ethniques soldées par un génocide au Rwanda ; la RDC et la RCA connaissent de crises militaro-politiques à répétition, etc. Le cas de l'instabilité politique de la République Centrafricaine est symptomatique. Entre 1960 et 2013, la RCA a connu dix coups de force dont 5 rebellions et 5 coups d'Etat réussis. Le coup d'État est le principal moyen d'accession au pouvoir dans ce pays supposément basé sur la démocratie.

La question de la paix et de la sécurité constitue une entrave à l'intégration et au développement de la Région.

Comme le souligne un rapport conjoint[60], le caractère destructeur et récurrent des conflits a eu des conséquences importantes et dévastatrices sur les États concernés (notamment la RDC et la RCA) et la région. Ils ont provoqué des pertes massives en vies humaines, des déplacements de populations, le recrutement d'enfants soldats et l'exclusion sociale. Les conflits ont également détruit les infrastructures socio-économiques, affaibli les capacités institutionnelles, aggravé la pauvreté et la misère humaine et même rendu difficile le développement durable de la région.

RDC et RCA, ventre mou de la région

Certes la région est tristement connue pour être le foyer des conflits armés mais cependant, beaucoup de conflits se sont résorbés et des pays, jadis instables, connaissent la paix et sont en voie de développement (cas de l'Angola, du Tchad, du Congo-Brazzaville…). Ce n'est hélas pas la situation de la RCA et de la RDC qui s'embourbent encore depuis deux décennies dans des conflits armés à répétition, à tel point qu'elles constituent aujourd'hui le ventre mou de la région.

L'année 2012, par exemple, est marquée dans la région par l'avènement de deux rebellions : le M23 en RDC et la coalition Séléka en RCA, dont on pouvait qualifier de conflits jumeaux, tant il y a des similitudes entre ces conflits.

---

[60] Rapport conjoint CEA, UA, BAD, *op. cit.*, p. 38.

Des similitudes et différences entre ces deux conflits

Dans les deux cas, analyse Thierry Vircoulon[61], nous avons une rébellion qui est plus forte que l'armée nationale et qui force le gouvernement à négocier, ce qu'il n'a évidemment pas envie de faire. Tout cela se passe sous l'égide d'une organisation régionale africaine, la CEEAC dans le cas centrafricain et la CIRGL, pour la R.D. Congo. Dans ces deux conflits, nous avons vu qu'il y a une demande d'intervention militaire extérieure. La CEEAC avait déjà une mission en Centrafrique qu'elle était en train de transformer en mission d'interposition et qui constitue le dernier rempart entre le pouvoir et les rebelles. En RDC, c'est la SADC qui a été appelée à l'aide et avait déployé des troupes dans les Kivus. Ces deux pouvoirs, Bangui et Kinshasa, se retrouvaient donc dans une sorte de dépendance sécuritaire, faute d'avoir construit une armée suffisamment robuste pour résister à leurs rébellions.

Le point de départ des rébellions M23 et Séléka repose sur un processus électoral raté et contesté. Les deux élections présidentielles, en RDC et en Centrafrique, ont eu lieu en même temps, en 2011 et ont montré aux forces politiques de ces pays que le pouvoir se resserrait. Les gouvernements congolais et centrafricains signifiaient alors qu'ils sortaient des logiques de partage des pouvoirs, négociées après les conflits et qu'ils souhaitaient monopoliser un peu plus le pouvoir pour leur deuxième mandat, observe Vircoulon. Un monopole qui laissait

[61] Thierry Vircoulon, Directeur du Programme Afrique centrale d'International Crisis Group, interview dans un *Afrikarabia*, un journal en ligne, en janvier 2013.

penser aux oppositions congolaises et centrafricaines que ces pouvoirs comptaient effectuer une réforme constitutionnelle pour se représenter une troisième fois, contrairement à un mandant, renouvelable qu'une seule fois, que prescrit la Constitution de l'un et l'autre des deux pays.

Les deux conflits avaient mis en lumière l'impuissance des armées des régimes Bozizé en RCA et Kabila en RDC qui sont très vite défaites par les rébellions. Le régime de Bozizé est tombé en moins de 4 mois. En RDC, la ville de Goma, principale ville de l'est du pays, est occupée par le M23 en un temps record de combat contre la FARDC (Forces armées de la République Démocratique du Congo), en novembre 2012. Il a fallu la pression de la communauté internationale pour que la rébellion se retire. Dans ces deux pays, il n'y avait pas eu de réformes de l'armée, malgré les appels répétés de la communauté internationale, mais aussi des voix nationales. Résultat de courses, les armées des deux pays ont été, *in fine*, en situation d'infériorité par rapport aux rébellions.

L'épilogue des deux rebellions se diffère

Si la Séléka en Centrafrique est parvenue à entrer à Bangui, renverser le régime Bozizé, ce n'est pas le cas de M23 en RDC qui est resté longtemps dans le Nord Kivu. La différence fondamentale entre les deux cas est, comme l'a si bien analysé Thierry Vircoulon, d'ordre géographique. On voit que les rebelles centrafricains sont arrivés en 4 mois à prendre le pouvoir, alors que le M23 se trouve à quelques milliers de kilomètres de Kinshasa, sans aucune route. S'il y avait des routes qui traversaient la RDC et si le pays était moins grand (vaste), le M23, comme il l'envisageait à une époque, aurait pu arriver à Kinshasa.

Le M23 a fini par être défait, en novembre 2013, par l'armée congolaise, avec le soutien décisif de la MONUSCO. La Séléka qui a pris le pouvoir en Centrafrique, en mars 2013, a commis des pires exactions sur toute l'étendue du territoire au point que la communauté internationale – l'Union africaine, les Nations unies et la France notamment – s'en émeut pour faire voter par le Conseil de Sécurité de l'ONU, en décembre 2013, une résolution donnant mandat à la France et à l'Union africaine de déployer des forces (Sangaris pour la France, la Misca pour l'UA), lesquelles ont procédé au désarmement des éléments de la Séléka et des milices anti-balaka, opposés à la Séléka. En janvier 2014, le chef de la Séléka, Michel Djotodia, a été contraint par la CEEAC à démissionner de la fonction du chef d'Etat de la Transition, Madame Catherine Samba-Panza a été élue par le Parlement de Transition pour lui succéder et conduire la Transition jusqu'à des élections générales censées rétablir l'ordre constitutionnel.

Il n'y a pas de développement sans sécurité !

Les conflits armés ou les crises militaro-politiques récurrentes que connaissent la RCA et la RDC constituent une entrave au développement de ces pays. Les répercutions négatives se traduisent de plusieurs manières : la destruction des moyens de production, des pertes en vies humaines et mutilés, la mobilisation des ressources – déjà faibles au regard d'immenses besoins de développement – pour la guerre au détriment des investissements dans les infrastructures de base et secteurs productifs, le découragement des investissements du fait de climat des affaires non propice, etc. Ce qui montre que la relation entre sécurité et développement est claire et forte. Il ne peut y avoir de développement sans la sécurité. C'est d'ailleurs l'argument avancé par le président tchadien, Idriss Deby, pour investir une partie substantielle des revenus du pétrole dans les dépenses militaires. Or, de nombreuses ONG (Handicap international, Human Rights Watch…) et institutions internationales (les Nations unies, la Banque mondiale…) militent pour moins de dépenses militaires.

L'ONU encourage en effet les Etats à réévaluer leurs besoins en matière de défense nationale et à promouvoir des mesures de renforcement mutuel de la confiance. Cela aurait évité, par exemple, aux Centrafricains d'accuser le Tchad et aux Congolais d'accuser le Rwanda de tirer les ficelles des rebellions dans leurs pays respectifs.

Pour l'ONU, en réaffectant, en priorité, les ressources au développement économique, social et humain, les Etats contribueront à réaliser les Objectifs du Millénaire pour le développement. Par ailleurs, les dépenses militaires excessives ont souvent pour conséquence d'alimenter un sentiment d'insécurité dans les pays voisins et de perpétuer un cercle vicieux de course aux armements, ce qui fragilise la sécurité régionale et internationale.

Sur le plan intérieur des Etats, pour prévenir les conflits armés, il faut bannir l'exclusion, le favoritisme, le clanisme ; promouvoir la bonne gouvernance, la répartition équitable des richesses, une démocratie vivante et apaisée, le dialogue permanent, le transfert de pouvoir et compétences au niveau provincial / régional / local permettant aux populations de choisir (élire) elles-mêmes leurs dirigeants locaux, rendant ainsi vivante la démocratie de proximité.

Cependant, la débâcle des forces armées centrafricaines, congolaises (en 2012/2013) et maliennes (en 2012) devant les mouvements rebelles – qui ont commis des exactions, pillages et destructions, notamment des écoles, hôpitaux, états civils, édifices publics, entreprises privées, biens privés, etc. –, pose la question pour les Etats d'avoir des moyens de défense et de sécurité solides. Il faut, comme il a été souligné dans le chapitre 6, des effectifs conséquents, renforcer les capacités et les moyens des forces de défense et de sécurité nationales pour une garde et un contrôle effectifs et permanents des frontières. Cela nécessite évidemment des ressources conséquentes à prélever dans le budget national.

Démocratiser l'Afrique centrale

Les pays de la région (comme ceux du continent en général) sont majoritairement jeunes, avec plus de 60% de populations ayant moins de 20 ans. Une jeunesse sans espoir, sans perspective, les pays sont ainsi assis sur une bombe qui pourrait exploser à tout moment.

Cette jeunesse africaine rêve de démocratie, de développement mais ne trouve que des dirigeants avec des promesses et discours démagogiques. C'est souvent vers les artistes (Youssou Ndour[62], Tiken Jah Fakoly, Alpha Blondy…) et les sportifs (Didier Drogba, Emmanuel Eto'o,…) qu'elle trouve de l'espoir ou du réconfort. Les artistes sont ainsi des leaders d'opinions, des voix des sans voix qui dénoncent la corruption, la mauvaise gouver-

---

[62] En janvier 2014, par exemple, Youssou Ndour a enregistré à Dakar au Sénégal, avec une chanteuse centrafricaine, Idylle Mamba, une chanson dédiée à la paix en Centrafrique, déchirée par un conflit inter-communautaire symbolisé par des affrontements entre la rébellion Séléka, d'obédience musulmane et les milices anti-balaka, de confession chrétienne.

nance, la dictature, et conseillent la jeunesse, la population…

Le problème principal de l'Afrique centrale est l'absence de classe moyenne qui est porteuse de la démocratie. On a aujourd'hui 95% des populations de la région qui n'ont rien alors que 5% ont tout, du fait de la répartition inéquitable des richesses. Cela n'est pas de nature à assurer la stabilité.

En se référant à l'ouvrage de Michel Foucher[63], l'ancien président sud-africain Thabo Mbeki déclara que les Africains, et notamment les représentants de la société civile, devraient « se rebeller contre l'instabilité politique, contre les coups d'Etat et tout ce qui peut nuire à l'image de l'Afrique ». C'est en effet l'ensemble du continent qui en pâtit lorsqu'un évènement négatif se déroule dans un pays africain, comme en Centrafrique, en RDC, au Soudan du Sud, etc.

Aussi, la restauration d'une image positive de l'Afrique passe par le rejet des gouvernements militaires, des partis uniques, de la corruption et autres pratiques politiques qui entretiennent l'idée d'un continent incapable de « bonne gouvernance ».

La restauration de l'autorité de l'Etat s'impose dans les Etats fragiles de la région tels que la Centrafrique et la RDC. Elle passe par l'instauration d'institutions politiques crédibles et susceptibles de garantir les droits fondamentaux du citoyen : liberté d'expression, droit à l'éducation, droit à la santé, etc. Il faut également réorganiser l'administration et en assurer le bon fonctionnement. La déconcentration de services de l'Etat et la décentralisation (à travers le transfert des compé-

[63] Foucher Michel et Darbon Dominique, *L'Afrique du Sud, puissance utile ?*, éditions Belin, 2001, p.77.

tences aux représentants locaux des populations) sont des voies à privilégier. L'objectif est d'avoir une administration souple et efficace qui doit toucher toutes les populations.

Les consciences s'éveillent en Afrique : la société civile en mouvement

Comme l'a si bien souligné Ernest-Marie Mbonda[64], depuis le début de la décennie 1990, de nouvelles formes de résistance à l'oppression sont apparues en Afrique, à travers des associations multiples et multiformes qui font preuve d'une redoutable efficacité. Désormais, tous les tyrans d'Afrique doivent composer avec la société civile, de l'une des manières suivantes : la collaboration, l'indifférence ou la répression. Si la collaboration, à travers les concessions faites par le pouvoir aux revendications de la société civile, est une preuve manifeste de l'efficacité de celle-ci, l'indifférence et la répression n'en expriment pas moins cette efficacité. On ne reste pas indifférent aux dénonciations des violations des droits de l'homme sans faire revêtir à son « image de marque » un masque hideux et, à vrai dire, difficile à porter. De même, note l'auteur, la répression par un pouvoir des mouvements de résistance ne laisse pas ce pouvoir indemne de réprobations auxquelles, heureusement, aucune dictature n'est indifférente, même si ces réprobations ne suffisent pas toujours à inciter les changements espérés.

---

[64] Mbonda Ernest-Marie : « Le cinquième pouvoir en Afrique. La société civile et le droit de résister » in Rupture-Solidarité, *Résistances et dissidences. L'afrique (centrale) des Droits de l'homme*, n°4, nouvelle série, Paris, éditions Karthala, 2003, p.12.

La campagne « *Publiez ce que vous payez* » (PCQVP), portée par des ONGs, se répand dans les pays africains. Lancée en juin 2002 par l'ONG britannique *Global Witness*, appuyée aujourd'hui par une coalition de plus de 200 organisations non gouvernementales à travers le monde, la campagne « Publish what you pay ! » (« Publiez ce que vous payez ») a pour principal objectif d'aboutir à ce que les compagnies extractives (pétrole, gaz et ressources minières) publient, de façon systématique et transparente, le montant des taxes et redevances de toute nature qu'elles versent aux Etats des pays dans lesquels elles sont présentes. De cette façon, les parlements et les citoyens de ces pays disposeront d'informations, sur la base desquelles, ils pourront suivre l'usage fait de ces revenus et veiller à ce que ceux-ci participent au développement et à la réduction de la pauvreté. Cela permettra de lutter contre les détournements de fonds et la corruption. Erigée en association, PCQVP, au Congo-Brazzaville et au Gabon, est très active dans la réclamation de la transparence dans les revenus du pétrole de ces pays. Le fait que le gouvernement du Congo-Brazzaville, avec l'appui de la Banque mondiale, procède ces dernières années à un audit des revenus du pétrole, par des Cabinets internationaux, et publie le rapport de l'audit sur le site Internet du ministère des Finances, n'est certainement pas étranger à l'action de l'association PCQVP Congo.

Ce système de contrôle entre dans le cadre de l'Initiative de Transparence des Industries Extractives (ITIE) auquel a adhéré beaucoup de pays et dont le principe synthétique consiste : à réaliser un audit indépendant, généralement par la Banque mondiale, de l'ensemble des versements réalisés par les compagnies pétrolières ou exerçant dans les mines. Le résultat est rendu public. Il est comparé avec les recettes de l'Etat hôte. Tout écart signalerait un détournement. La méthode permet ainsi aux populations de disposer de données fiables sur des revenus du pétrole et autres, tout en préservant les accords de confidentialité passés entre les compagnies pétrolières ou minières et les pays producteurs.

On assiste ainsi à une montée en puissance, ces dernières années, des associations qui dénoncent la violation des droits de l'Homme, la mauvaise gouvernance, le détournement des deniers publics sur le continent noir et notamment en Afrique centrale. Ces dénonciations sont relayées par des ONGs internationales dans les pays occidentaux. C'est ainsi que des ONGs, des médias et même des hommes politiques français dénoncent et rendent publics, dans les médias, les biens immobiliers et autres de certains chefs d'Etat africains – notamment des présidents gabonais, congolais et équato-guinéen – à Paris et sur la Côte d'Azur. Ce qui est considéré par ces derniers et leurs collaborateurs comme du « racisme ». Selon eux, c'est parce qu'ils sont Noirs qu'ils font l'objet d'acharnement, en arguant que d'éminentes personnalités, à travers le monde, possèdent également des biens immobiliers de luxe au cœur de Paris mais ne font pas l'objet de lynchage médiatique : ils font particulièrement allusion aux Princes des monarchies du Golfe. Ce qui mérite d'être souligné, c'est que dans les monarchies du Golfe, il n'y a pas 60 à 70% des populations vivant avec moins d'un dollar par jour ; dans cette région du monde, il y a des routes, des écoles, des hôpitaux ; le chômage n'est pas endémique, les jeunes ne sont pas sans perspectives au point de quitter leur pays par des pirogues de fortune pour gagner l'Europe au péril de leur vie. Ces monarchies n'ont pas de dettes dont les montants donnent le vertige et qui vont peser sur les générations futures. Elles ne courent, par ailleurs, pas derrière les bailleurs de fonds pour financer leur développement.

Le « Prix Mo Ibrahim » pour récompenser la bonne gouvernance : les chefs d'Etat d'Afrique centrale loin d'être éligibles

La Fondation Mo Ibrahim[65] décerne un « Prix Mo Ibrahim » à un ancien chef d'Etat ou de gouvernement d'Afrique subsaharienne, ayant accédé au pouvoir dans les règles et accompli la durée de son mandat, conformément à la législation au moment de leur prise de fonction. Des critères qui rendent, de facto, inéligibles les chefs d'Etat d'Afrique centrale qui, dans leur écrasante majorité, cumulent des handicaps, celui, d'une part, d'accéder au pouvoir par voie non démocratique et, d'autre part, d'y s'accrocher par le truchement des révisions constitutionnelles, notamment du saut de verrou de limitation de nombre de mandats.

Le « Prix Mo Ibrahim » est la plus importante dotation au monde avec 500.000 dollars US versés pendant 10 ans (soit 5 millions de dollar), suivi de 200.000 dollars US annuels, à vie. 200.000 dollars US supplémentaires sont par ailleurs annuellement disponibles à la discrétion de la Fondation, pour soutenir les initiatives et les activités du

[65] Du nom d'un des importants hommes d'affaires africains, d'origine soudanaise, fondateur de Celtel International, une entreprise de télécommunications qui opère dans l'ensemble de l'Afrique subsaharienne. La Fondation Mo Ibrahim est gérée par un Conseil d'administration dont les membres sont tous des personnalités (Kofi Annan, Salim Ahmed Salim, Mary Robinson, Lord Cairns…) engagées dans la promotion de la bonne gouvernance en Afrique. Le secrétariat est basé au Royaume-Uni et épaulé par du personnel aux Etats-Unis et en Afrique.

lauréat après son mandat afin de poursuivre son rôle d'ambassadeurs de la bonne gouvernance.

Les candidats éligibles sont en général rares. Pour cause, en sept années d'existence (c'est-à-dire de 2007 à 2013), le prix – qui est annuel – n'a été décerné que trois fois (en 2007, 2008 et 2011) : le premier lauréat (en 2007) est l'ancien président mozambicain, Joaquim Chissano ; le deuxième (en 2008) est le botswanais Festus Gontebanye Mogae et le troisième (en 2011) est Pedro Pires, l'ancien Président du Cap-Vert. Comme en 2012, en 2013, le « Prix Mo Ibrahim » n'a pas pu trouver de lauréat, faute d'un leader africain (ancien président) d'excellence.

3ème partie

DES CLÉS POUR LA TRANSFORMATION ÉCONOMIQUE ET SOCIALE DE L'AFRIQUE CENTRALE

Chapitre 8 : Investir massivement dans les infrastructures : allier investissements nationaux et communautaires

Le manque généralisé d'infrastructures en Afrique centrale est une entrave de taille au développement économique et social de la région. C'est la principale cause de son retard par rapport aux autres régions d'Afrique. Cette insuffisance concerne non seulement les infrastructures inter-pays, mais aussi régionales. Elle compromet la compétitivité et donc la viabilité de nombreuses entreprises. S'attaquer à ce problème serait la meilleure façon d'aider au développement de l'Afrique centrale car la valorisation du potentiel de la région (ressources naturelles et l'agriculture) requiert une infrastructure économique de base (électricité, routes, ports, etc.) de qualité.

Par ailleurs, il y a de tout temps, mais davantage aujourd'hui, une concurrence rude entre les pays, les régions, les villes, etc. pour, d'une part, attirer des investisseurs étrangers, des touristes et, d'autre part, accueillir des grands évènements (conférences internationales ; manifestations sportives, culturelles), les infrastructures de qualité sont un élément redoutable de marketing, d'attractivité. Il urge donc de régler, de manière volontariste, les problèmes d'infrastructures par des investissements massifs au niveau aussi bien des Etats que communautaire.

Les infrastructures de transport : le désenclavement des Etats et de la région passe par un réseau dense et de qualité

Une des contraintes majeures au développement du processus de l'intégration régionale en Afrique centrale est l'inadéquation des infrastructures de transport.

La mise en place d'une plateforme d'infrastructures multimodales associant des projets de chemin de fer, de route, de transport fluvial, de transport et de cabotage maritimes s'impose. Il convient de conjuguer des efforts au niveau, à la fois, national et communautaire par des investissements massifs.

Le Plan Directeur Consensuel des Transports en Afrique Centrale, un outil ambitieux d'intégration physique de la Région

Le Plan Directeur Consensuel des Transports en Afrique Centrale (PDCT-AC), adopté à Brazzaville par la Conférence des Chefs d'Etats et de Gouvernement de la CEEAC en janvier 2004, a pour objectifs : (i) d'assurer l'accès aux pays enclavés et aux zones de production ; (ii) de maximiser les échanges intra-communautaires en permettant la libre circulation des biens et des personnes et la libéralisation du secteur des transports avec une forte implication du secteur privé ; (iii) de contribuer à la réduction de la pauvreté.

Le Plan vise principalement à relier les capitales des Etats membres entre elles, soit par la route, soit par la voie d'eau, soit en association multimodale rail-route. Il favorise ainsi le transport régional et international, plus que celui du transport national propre à chaque pays.

Le premier programme prioritaire (1ère tranche) du PDCT-AC porte sur 55 projets répartis comme suit :

- *Projets routiers*. Ils sont au nombre de 44, comprenant 1.605 km de réhabilitation de routes bitumées existantes et 4.569 km de bitumage des routes en terre. La quasi-totalité de ces projets routiers ont été consacrés à la liaison des grands axes reliant les capitales d'Afrique centrale et au désenclavement des pays comme le Tchad et la RCA.

- *Projets ferroviaires*. Ils sont trois et comprennent 1.561 km de nouvelles voies à construire.

- *Projets Maritimes*. Il y a 6 projets de développement d'infrastructures portuaires.

- *Projets transfrontaliers*. Ils comprennent : 2 projets de ponts (Brazzaville-Kinshasa et Bangui-Zongo) et un projet de pont entre le Cameroun et la Guinée équatoriale à Campo faisant partie des deux sections de route Kribi-Campo et Campo-Bata et une extension du chemin de fer Franceville-Leketi entre Gabon et Congo.

Graphique n° 2 : Nombre de projets par pays du programme prioritaire du PDCT-AC

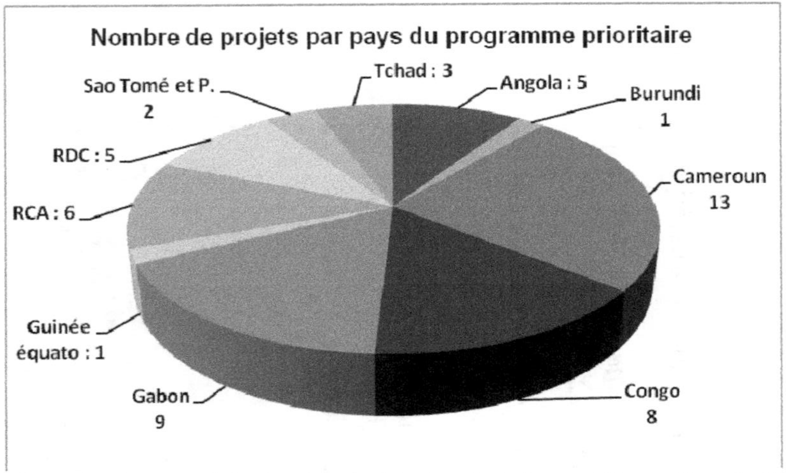

Source : Rapport d'évaluation de Linpico & T-Bangui Consulting, 2009

- Impacts attendus du PDCT-AC

Ces projets d'envergure, s'ils sont réalisés comme prévu, auront des répercussions très importantes sur le développement des échanges entre pays d'Afrique centrale notamment sur : la mobilité des biens et des personnes à l'intérieur de chaque pays et dans la région ; les facilités d'accès à la mer ; la réduction des coûts de transports.
En effet, le succès des exportations en Afrique centrale dépendra de la diminution des coûts de transport et cela exige des investissements conséquents dans les routes, les voies ferrées, les infrastructures et équipements portuaires, aussi bien pour la construction des nouvelles, la réhabilitation des existants et leur entretien.

Les programmes prioritaires du PDCT auront, par ailleurs, des effets sur la réduction de la pauvreté à travers l'emploi. Ces effets seront double : d'une part, par de nombreux emplois que générera le volume des travaux sur plusieurs années, et, d'autre part, sur l'emploi des populations ayant accès à de meilleures infrastructures de transport sur de longues distances, qui pourront alors migrer vers les capitales, bassins d'emplois.

- Le financement du PDCT-AC

Une évaluation financière[66], en mars 2009, estimait les coûts de l'ensemble des 55 projets du premier programme prioritaire (1ère tranche) du PDCT-AC à plus de 7.000 milliards de F CFA (14 milliards de dollars US). Il résultait de collecte d'informations à cette date que près de

---

[66] Réalisée par le consortium (association de deux Cabinets) Linpico & T-Bangui Consulting.

15% seulement des financements (tous secteurs, mode de financement et pays confondus) sont acquis. Plus de 6.000 milliards FCFA (12 milliards de dollars US) de fonds étaient encore à trouver.

Graphique n° 3 : Financement du programme prioritaire du PDCT-AC

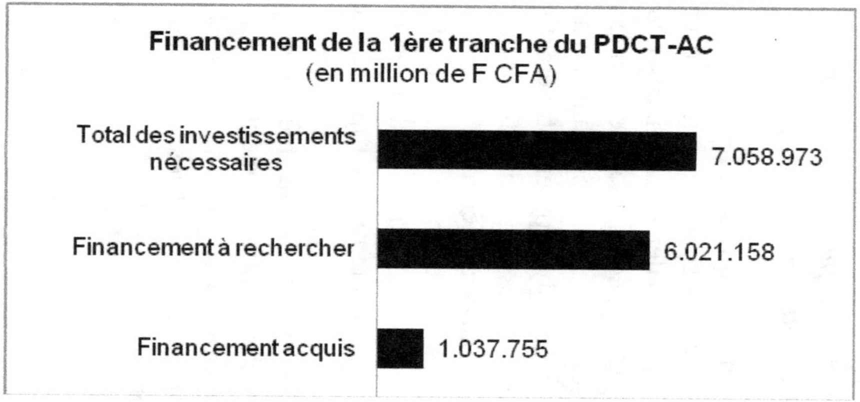

Source : Rapport d'évaluation de Linpico & T-Bangui Consulting, 2009

La CEEAC, avec l'appui de la BAD, multiplie des réunions du Comité ministériel de suivi (CMS) du PDCT-AC et des tables rondes des bailleurs en vue de mobiliser les fonds restants, sans grand succès en 2013.

Les Etats doivent multiplier d'efforts pour mobiliser substantiellement des fonds propres...

Au niveau national, presque tous les pays disposent, par exemple, de fonds routiers sous des formes diverses, dont les ressources sont principalement utilisées pour financer l'entretien routier. Des mécanismes de financement permettant de mobiliser des ressources d'un montant correspondant aux besoins des pays doivent être établis.

Des formules ayant réussi ailleurs, fondées sur l'affectation de recettes fiscales générées par l'activité de transport, les péages (redevances d'usage de la route) harmonisés, les axes de surcharge instituées par le code communautaire de la route/rails/aéroports, etc. devront être explorées.

Au niveau régional, il faudra mettre en place des mécanismes innovants de financement autonome et des Fonds de Développement de la CEMAC et de la CEEAC, alimentés de façon pérenne par des redevances sur, par exemple, les ressources naturelles.

Graphique n° 4 : Répartition des investissements par pays du programme prioritaire du PDCT-AC

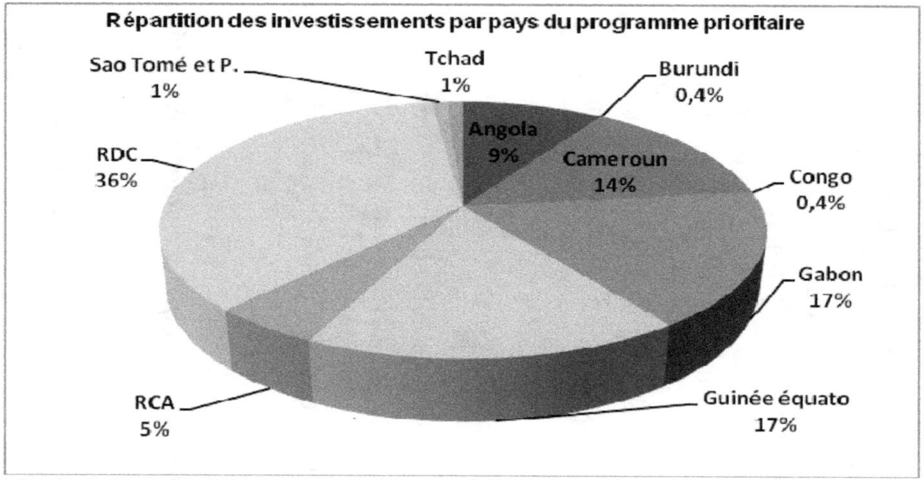

Source : Rapport d'évaluation de Linpico & T-Bangui Consulting, 2009

Comme le montre le graphique n° 4, la RDC est le pays qui aura à investir le plus dans ce programme avec 5 projets, dont 2 programmes de construction de voies ferrées qui impactent fortement le coût total de ses projets.

Le programme des infrastructures de transports de la RDC est très orienté vers un outil de transport multimodal, renforçant sa façade maritime par la création d'un port en eaux profondes et son transport ferroviaire (pour le développement d'axes vers l'hinterland et d'interconnexion au ferroviaire du continent africain).

Le Congo, le Gabon et le Cameroun présentent une diversification plus importante en nombre de projets (respectivement 8, 9 et 13 projets, comme l'indique le graphique n° 2).

- Délais de réalisation

La programmation de cette première tranche du PDCT-AC fixée à l'horizon 2012 étant déjà caduque, il faut redéfinir une programmation de la mise en œuvre dans les meilleurs délais possibles : à l'horizon 2015-2018, par exemple.

Des projets structurants, qui méritent d'être démultipliés dans la région

- Projet de construction d'une voie ferroviaire Cameroun-Tchad

Un projet de construction d'une voie ferroviaire entre Ngaoundéré (au Cameroun) et Moundou (ville industrielle du Tchad), soumis par un partenaire technique, la société Camrail, filiale du groupe Bolloré, à l'approbation des gouvernements camerounais et tchadiens, aurait été approuvé en février 2013.

Long de 400 km, la construction de ce tronçon – qui devra coûter 1.200 milliards de francs CFA (2,4 milliards de dollars US) – favorisera une meilleure circulation des personnes et des biens, notamment pour le Tchad, dépourvu de façade maritime.

Il convient de préciser que l'essentiel du volume des exportations et des importations tchadiennes (environ 80%) transitent par le port de Douala au Cameroun, tandis que le brut tchadien passe par le terminal de Kribi, soit 1500 km de pipe-line reliant les deux pays.

Les autorités tchadiennes envisageraient d'étendre ce réseau ferroviaire à Ndjamena, la capitale, ce qui correspondrait à un tronçon supplémentaire de 350 km. Si ce projet se concrétisait, ce serait faire usage utile des revenus du pétrole qui, comme on le sait, est une ressource épuisable, tandis que la voie ferroviaire contribuerait au développement durable du Tchad.

- Projet de la boucle ferroviaire Cotonou-Niamey-Ouagadougou-Abidjan, un exemple à suivre

La région Afrique de l'Ouest, qui est déjà largement en avance sur celle du Centre, a lancé un ambitieux projet structurant de la boucle ferroviaire Cotonou-Niamey-Ouagadougou-Abidjan en vue de contribuer efficacement au désenclavement interne et externe de plusieurs pays de cette région.

La boucle ferroviaire se décompose en tronçons homogènes suivants : Cotonou-Parakou (426 km de réhabilitation) ; Parakou-Dosso (485 km de construction neuve) ; Dosso-Niamey : (140 km de construction neuve) ;

Niamey-Kaya (551 km de construction neuve) : Kaya-Ouagadougou (105 km de réhabilitation) ; Ouagadougou-Abidjan (1.263 km de réhabilitation) ; soit un total de 2970 km dont 1176 km de construction neuve et 1794 km de réhabilitation du réseau existant.

C'est un projet qui s'inscrit dans les objectifs du Programme économique régional (PER) de l'UEMOA et du Plan directeur ferroviaire de la Communauté économique des Etats de l'Afrique de l'Ouest (CEDEAO). Cette infrastructure permettra à l'Afrique de l'Ouest de disposer d'un mode de transport alternatif à la route, ce qui aura pour principal avantage de désenclaver les pays traversés et de réduire les coûts de transports.

En 2013, le Secrétariat permanent chargé de la gestion du projet de cette boucle ferroviaire est mise en place. Il est basé à Niamey. L'Afrique centrale se doit de suivre les pas de la région-sœur, l'Afrique de l'Ouest.

L'énergie : il ne peut y avoir de l'industrialisation sans dotation conséquente en énergie

Le président rwandais, Paul Kagame, s'adressant à ses ministres au sujet d'électricité, exigeait des résultats en ces termes : « Pourquoi nos concitoyens n'ont-ils pas accès à l'électricité ? Nous avons besoin de l'électricité, non de discours à son sujet. Nous en avons assez entendu, et je veux que nous passions à l'action dans ce domaine. Nous ne pouvons plus attendre ».

Comme nous avons souligné dans le premier chapitre, l'Afrique centrale dispose d'un grand potentiel énergétique (hydroélectricité, charbon, gaz, pétrole, uranium, énergies nouvelles et renouvelables), largement suffisant pour répondre à ses besoins et être exporté. Ce potentiel, inexploité aujourd'hui, n'est qu'à être mis en valeur. Il s'agit donc d'inverser la situation de la carence d'énergie en exploitant ces ressources de manière économique pour fournir à la population et aux différents secteurs économiques des services énergétiques à un prix abordable. Il est évident que la disponibilité de l'énergie améliore la qualité de la vie et renforce les activités économiques et le développement industriel. En revanche, la pénurie d'énergie entrave le développement.

Réaliser le projet « Grand Inga » pour répondre aux besoins d'énergie de la région

A titre de rappel, le barrage Grand Inga, situé à l'ouest de Kinshasa, en RDC, est une zone du fleuve Congo, ayant un débit de 43.000 m^3 par seconde et un dénivelé de 100 m sur 12 km. Avec une capacité estimée à 40.000 MW, équivalente à une quarantaine de centrales nucléaires, il est une source abondante pour la production d'électricité permettant de répondre aux besoins de la région et même au-delà.

D'après l'Organisation des Nations unies pour le développement industriel (ONUDI), si on veut atteindre l'objectif de l'« énergie pour tous »[67] en Afrique d'ici l'an 2030, il faut une capacité supplémentaire de 80.000 MW. Or, Inga, à lui seul, représente la moitié de cette capacité.

[67] En septembre 2011, le Secrétaire général des Nations unies, Ban Ki-moon, a lancé l'initiative « Énergie durable pour tous » dont les objectifs, à l'horizon 2030, sont les suivants: (i) garantir l'accès universel à des services énergétiques modernes ; (ii) doubler le taux d'amélioration global de l'efficacité énergétique ; et (iii) doubler la part des énergies renouvelables dans le portefeuille énergétique mondial.

Par ailleurs, d''après une étude du consultant canadien SNC-Lavalin, l'énergie Inga 3 (la première phase de Grand Inga)[68] serait la moins chère du monde, de l'ordre de 2 centimes d'euros le kilowattheure (kWh) et donc favoriserait la compétitivité de la région.

Le gigantesque potentiel hydroélectrique des Etats, à mettre en valeur

Un rapport[69] sur PER de la CEMAC indique que cet espace économique dispose d'énorme potentiel hydroélectrique, évalué à 33 GW, répartis entre le Cameroun avec près de 2/3 du potentiel (20 GW), le Gabon (6 GW), la Centrafrique (2,8 GW), le Congo (2,5 GW) et la Guinée équatoriale (2,4 GW). Ce qui fait de la CEMAC le 3e potentiel en Afrique après celui de la RDC (100 GW) et de l'Ethiopie (40 GW). Cependant, moins de 3% du potentiel hydroélectrique de la CEMAC est aujourd'hui exploité, soit à peine 1 009 MW sur les 33 GW.

Le taux de couverture national en électricité étant très faible dans la région et les interconnexions des systèmes électriques nationaux laisse, par ailleurs, à désirer. Les projets de portée régionale peuvent jouer un rôle essentiel dans l'amélioration de l'interconnectivité. L'interconnexion des réseaux électriques à l'échelle régionale permettra la mutualisation d'une énergie électrique compétitive et permettra à l'ensemble des pays de la

---

[68] La RDC et l'Afrique du Sud ont signé, en mars 2013, un protocole d'accord pour la réalisation d'Inga 3 qui aura une puissance de 4 800 MW.

[69] CEMAC 2025. Vers une économie régionale intégrée et émergente, Programme Economique Régional 2010-2015, Rapport final, Volume 1, octobre 2009, p. 21.

région de disposer de ce facteur de production essentiel pour attirer l'investissement et réaliser les projets de développement.

Relever le défi du financement

Le défi à relever pour la réalisation du projet Grand Inga et d'autres projets est celui du financement. Selon François Misser, auteur d'un ouvrage sur les barrages d'Inga[70], le coût de ce projet serait estimé à 27 milliards d'euros.

Les Etats et les communautés économiques de la région se doivent de conjuguer leurs efforts afin de mobiliser le secteur privé, en vue d'un partenariat public-privé, permettant la réalisation de ce projet. Pour ce faire, il faut créer un cadre institutionnel incitant la participation des investisseurs privés et des partenaires au développement. Le Pool Energétique d'Afrique Centrale (PEAC), par exemple, s'inscrit déjà dans une optique d'intégration régionale, il faut renforcer sa capacité d'action.

Programme américain « Power Africa » à contribution

Lors d'une tournée africaine[71] en juin 2013, le président américain, Barack Obama, a annoncé au Cap en Afrique du Sud, l'initiative « Power Africa », un programme qui, a pour ambition de doubler l'accès à l'électricité sur le continent. Un montant de 16 milliards de dollars US (7

---

[70] Misser François, *La saga d'Inga. L'histoire des barrages du fleuve Congo*, Paris, éditions l'Harmattan, 2013, 228 p.

[71] En juin 2013, le président américain Barack Obama a effectué une tournée africaine qui l'a mené au Sénégal, en Afrique du Sud et en Tanzanie.

milliards de dollars d'investissements publics et 9 milliards d'investissements privés) avait été annoncé.

Les Etats d'Afrique centrale doivent élaborer des projets, au niveau national et communautaire, pouvant permettre de bénéficier de l'appui de ce Programme.

Energies renouvelables, un potentiel à exploiter

Le potentiel électrique de la région en énergies renouvelables est aussi non négligeable. Avec plusieurs milliers d'heures d'ensoleillement par an, l'Afrique centrale a de quoi se positionner dans la production d'électricité à partir de centrale solaire thermique de grande capacité.

A travers l'énergie solaire on développera l'éclairage hors réseau qui est un système pour alimenter, même les zones les plus reculées, sans recourir au réseau classique d'électrification. En zones rurales, il constituera une stratégie de pré-électrification viable pour fournir aux communautés rurales une énergie dans l'attente d'un développement des réseaux électriques nationaux. Par ailleurs, l'utilisation des lampes solaires, par ce moyen, permettra de faciliter l'accès à l'énergie des micro-entreprises et l'électricité pour tous.

La très grande disponibilité en bois-énergie et surtout les nombreux résidus issus de l'exploitation du bois ainsi que d'autres sous-produits (sous-produits d'abattage et de sciage, typha, résidus de coton, coque de palme…) font de la production d'électricité, à partir de la biomasse de la région, une réelle opportunité surtout au profit des zones rurales.

L'Afrique centrale devrait également suivre les pas de l'Ethiopie en énergie éolienne. En effet, ce pays a inauguré en octobre 2013 à Ashegoda, dans le nord, la plus grande ferme éolienne d'Afrique sub-saharienne. Cette nouvelle centrale, comptant 84 turbines installées sur 100 km^2, dispose d'une puissance de 120 MW, soit 400 GWh distribués par an. Elle s'inscrit clairement dans l'ambition affichée de l'Ethiopie de développer sa production énergétique de façon propre et durable.

Ces installations ont coûté à l'Ethiopie 210 millions d'euros, financés grâce à l'appui de l'Agence française de développement (AFD) et d'un pool de banques françaises. C'est là l'exemple du partenariat public privé, évoqué plus haut.

Transformer les montagnes des déchets qui écument les métropoles en électricité

Les montagnes des déchets ménagers qui plombent les décharges de Douala, Kinshasa, Brazzaville, Luanda, Bangui, etc. pourraient être valorisés pour produire de l'électricité dont les pays de la Région ont grandement besoin. Des usines de valorisation des déchets énergétiques pourraient ainsi être construites pour, dans un premier temps, alimenter les industries et ménages environnants et, à terme, être raccordé aux réseaux nationaux d'électricité.

Les pays de la région pourraient s'inspirer d'un projet similaire, lancé en 2013, en Guinée Conakry. En effet, le Premier ministre guinéen, Mohamed Saïd Fofana, avait procédé en juin 2013 à la pose de la première pierre d'une usine de valorisation des déchets énergétiques à la décharge de Kagbelen, dans la commune urbaine de Dubréka à Conakry, sur un site de 40 hectares. Les travaux d'exécution de l'ouvrage avaient été conviés à l'entreprise suisse Satarem. L'usine aura la capacité d'absorber 1200 tonnes par jour de déchets et produira 38 MW d'électricité.

Les technologies de l'information et de la communication (TIC) : outils incontournables pour moderniser l'économie et accélérer le développement

« Nous l'avons dit et répété : on ne saurait trop souligner le rôle des TIC dans le développement national, régional et du continent et, plus précisément, dans la création de la richesse, de la génération d'emplois et de la réduction de la pauvreté. La maladie, l'analphabétisme, la pauvreté et d'autres maux sont les vrais défis sociaux auxquels il faut s'attaquer si nous voulons mener une vie de bonne qualité. Heureusement, les TIC se présentent comme de puissants outils essentiels - qui peuvent servir à relever un certain nombre de ces défis »[72].

Dans un rapport conjoint, plusieurs institutions internationales et africaines[73] insiste sur le fait que les TIC sont d'importance cruciale pour l'intégration régionale. Ils le sont évidemment aussi pour les Etats. Un investissement financier important est indispensable dans ce domaine, si l'on veut parvenir à une croissance économique et à un développement durable. Même dans les régions à prédominance agricole, où vit la majorité des africains, les TIC sont nécessaires. Partout sur le continent et en Afrique centrale en particulier, on a assisté ces derniers temps à une augmentation de la demande et de l'utilisation de téléphones mobiles au détriment des lignes fixes. En revanche, l'accès à l'Internet est à la traîne dans plusieurs parties du continent par rapport au reste du monde.

---

[72] Extrait du discours de Paul Kagamé, Président de la République du Rwanda, à l'ouverture officielle du Sommet régional sur l'investissement dans les TIC à Kigali, Rwanda, le 4 mai 2006.

[73] Rapport conjoint CEA, UA, BAD, *op. cit.*, p.33.

Les Etats et Communautés économiques de la région se doivent de faire de TIC une priorité, d'élaborer une stratégie pour le développement des TIC, portant notamment sur les infrastructures, les réseaux et les interconnexions à haut débit.

Il faut d'une part compléter les réseaux régionaux et nationaux pour mettre en place une infrastructure à large bande, et améliorer les cadres politiques et règlementaires pour attirer les investissements privés ; et d'autre part, stimuler la demande pour les réseaux et les services en favorisant les applications des TIC telles que : le commerce électronique, les services bancaires électroniques, l'administration en ligne, la télé enseignement, la télésanté, etc.

Encadré n° 8 : Le Rwanda et les TIC, exemple à suivre et à démultiplier dans la région

Projet d'installation de 4G au Rwanda

Le Rwanda a signé le 10 juin 2013 un accord avec l'entreprise sud-coréenne KT Corp (la plus importante entreprise de Telecom en Corée du Sud) pour installer la 4G, l'Internet à haut débit, dans le pays et cela dans trois ans. KT Corp devrait investir 140 millions de dollars pour fournir la 4G à environ 95% des Rwandais. Le Rwanda a déjà installé plus de 3000 km de fibre optique depuis 2009. Le pays connaît une croissance économique de plus de 9%. Il entend développer une économie de service et devenir leader régional dans les technologies de l'information et de la communication.

Source : RFI, Dossier Afrique économique du 12/06/2013

Tirer profit du Programme de Développement des Infrastructures en Afrique (PIDA)

Le Programme de Développement des Infrastructures en Afrique (PIDA), conçu pour prendre le relai du « NEPAD Medium to Long Term Strategic Framework (MLTSF) » et lancé en juillet 2010 à Kampala en Ouganda, a comme objectif d'établir une vision et une stratégie cadre pour le développement des infrastructures à l'échelle régionale et continentale dans les domaines de l'énergie, du transport, de l'eau et des télécommunications. Le programme est piloté par la Commission de l'Union africaine, le Secrétariat du NEPAD et la BAD. La BAD est l'organe d'exécution du PIDA.

L'objectif principal du programme est de promouvoir le développement socio-économique et la réduction de la pauvreté en Afrique, grâce à la mise en œuvre des réseaux intégrés d'infrastructures régionales.

Les communautés économiques régionales d'Afrique centrale – et notamment la CEEAC qui prend activement part dans le comité technique du PIDA – doivent s'évertuer à tirer pleinement profit des réalisations de ce programme.

<u>Encadré n° 9</u> : Infrastructures, la pauvreté, la gestion des affaires publiques et l'économie

Impacts des infrastructures sur la pauvreté et la gestion des affaires publiques

La contribution des infrastructures à la lutte contre la pauvreté est directe et ce, de trois manières. Elles augmentent tout d'abord la taille des marchés et élargissent les opportunités économiques pour les populations les plus pauvres. Elles réduisent par ailleurs la vulnérabilité des populations par la mise en place de services de transport, de santé et d'énergie plus sûrs (ce qui limite les risques liés aux chocs et aux crises). Enfin, elles génèrent une hausse de productivité dans le secteur agricole (amélioration de la nutrition, de la santé, meilleure planification familiale).

Les travaux d'évaluation menés par la Banque africaine de développement, la Banque interaméricaine de développement et l'Organisation mondiale de la santé convergent vers la même conclusion : il existe un lien étroit entre la lutte contre la pauvreté et la qualité des infrastructures de transport, particulièrement dans les milieux ruraux. Selon une étude du Département du développement international du gouvernement britannique, les transports jouent un rôle-clé dans le développement économique « classique ». Mieux, ils contribuent à la réduction de la mortalité infantile, à la lutte contre le sida et les maladies infectieuses, au développement durable, à la généralisation de l'enseignement primaire et à la satisfaction des besoins fondamentaux (Department for International Development, 2002). En outre, les infrastructures augmentent la capacité de l'individu à avoir une activité productive.

Impacts économiques des infrastructures

L'impact des infrastructures sur le développement économique peut être argumenté tant dans une optique keynésienne que libérale.

D'un point de vue keynésien, les politiques de grands travaux créent des emplois de façon directe et indirecte. En période de dépression économique, elles impliquent l'embauche d'une main-d'œuvre dans les industries de construction. Ces nouvelles embauches permettent de relancer la consommation et par voie de conséquence la production nationale. Dans un second temps, elles permettent aux acteurs économiques de créer de nouvelles demandes. Il en découle un accroissement du revenu national et un effet cumulatif sur la croissance. Mais le déficit d'Etat, l'ajustement structurel et les politiques libérales sont venus atténuer la réalisation de ce cercle vertueux.

D'un point de vue libéral, l'aménagement physique du territoire facilite le fonctionnement des producteurs. Il améliore la connexion entre les individus et les marchés et stimule l'activité économique : autant de facteurs qui permettent de réduire les coûts de transaction. Les infrastructures de transport facilitent l'accès des produits agricoles aux marchés urbains.

Source : Alvergne C., *Le défi des territoires*, Ed. Karthala, 2008, pp. 160-164

Chapitre 9 : La diversification de l'économie, un impératif. La nécessité de développer la chaine des valeurs, de transformer les ressources naturelles localement

La Banque mondiale définit les pays selon trois catégories d'économies : les « économies diversifiées », « les économies du pétrole » et « les économies à croissance faible ». Les pays africains appartenant à la première catégorie sont ceux qui s'en sortent mieux économiquement. Ce sont, entre autres, l'Afrique du Sud, l'île Maurice, le Rwanda… qui ont une croissance économique soutenue (pour beaucoup, de l'ordre de 7 à 8%) ces dernières années, permettant de réduire progressivement la pauvreté.

Quand un pays dépend presque exclusivement du pétrole, comme beaucoup de pays d'Afrique centrale (l'Angola, le Congo-Brazzaville, le Gabon, la Guinée équatoriale…) et sachant que c'est un produit épuisable, il est impératif de savoir préparer l'après pétrole. Ce qui passe par la diversification de l'économie, un moyen de se prémunir contre la fameuse malédiction des ressources naturelles. Les Etats de la région devraient pouvoir transformer les matières premières avant de les mettre sur le marché.

La nécessité de transformation des ressources naturelles sur place

En dépit des potentialités inestimables de l'Afrique centrale, les populations sont pauvres. Pour améliorer les conditions de vie des populations, réduire la pauvreté, il faut créer de la richesse, de valeur ajoutée, de l'emploi. Cela passe, entre autres, par la transformation localement des ressources naturelles (énergie, bois, produits agricoles…) exploitées ou cultivées avant leurs exportations. Ce qui implique un transfert de technologies et de compétences. Pour ce faire, les Etats et les CER – la CEMAC et la CEEAC en l'occurrence – doivent s'organiser, renforcer leur capacité à cet effet. Aussi, la diversification de l'économie exige des pays de la région de prendre les mesures susceptibles d'améliorer le climat des affaires à l'effet d'attirer davantage de capitaux privés.

Au niveau régional, la stratégie devra, comme le suggérait Omar Kabbaj[74], s'atteler à élargir les marchés nationaux et à exploiter les complémentarités, les économies d'échelle et les synergies, en accentuant la coopération et les efforts d'intégration. La plupart des marchés nationaux de la région sont trop étroits pour permettre l'émergence d'entreprises capables d'être compétitives au plan international. La plupart sont également trop petits pour être en mesure d'attirer de grands volumes de capitaux de l'étranger, sauf dans le secteur minier.

[74] Ancien président de la BAD, avant-propos du *Rapport sur le développement en Afrique, Mondialisation et développement de l'Afrique*, BAD, éditions Economica, 2003, 334p.

L'économie forestière : le Gabon, un exemple à suivre

Au Gabon, une loi, promulguée en 2010, interdit d'exporter le bois de grume, contraint les sociétés de bois à s'industrialiser pour créer de la valeur ajoutée et de l'emploi dans le pays.

C'est ainsi que la Société nationale des bois du Gabon (SNBG), par exemple, longtemps spécialisée dans la commercialisation à l'étranger de l'Okoumé et de l'Ozigo, a investi dans un complexe industriel dans la zone portuaire d'Owendo, en construisant 3 usines (une usine de tranchage, une autre de déroulage et la 3e de sciage) sur une superficie de plus de 100.000 m². L'usine de tranchage est opérationnelle depuis 2012 et livre ses produits à des entreprises locales et en exporte vers l'Italie. L'usine de sciage expédie ses productions à destination du Vietnam essentiellement. L'usine de déroulage est destinée à produire du contreplaqué. En 2012 par exemple, la SNBG transforme plus de 500.000 m³ de bois pour produire, au Gabon, des placages tranchés, des avivés, des placages et du contreplaqué.

L'agriculture et l'agro-industrie, un moteur de développement

Nous avons vu que la bonne santé macro-économique des Etats de l'Afrique centrale – tirée essentiellement des exportations des ressources naturelles – n'a pas d'impact sur le quotidien de la grande majorité de populations.

Le secteur agricole constitue un axe important de l'économique et un élément déterminant de la réduction de la pauvreté car il occupe la majorité des populations actives des pays de la région. La réduction significative de la pauvreté passera donc par le développement rural. Ce qui implique des investissements massifs dans, entre autres, les infrastructures rurales (routes, pistes et électrification rurales, etc.), les services de base (santé, éducation…). Les infrastructures ont largement fait l'objet de traitement dans le précédent chapitre.

Il est encourageant de constater que l'agriculture et l'agro-alimentaire font de plus en plus l'objet d'intérêt sur le continent comme le témoigne l'*Initiative pour le développement de l'agrobusiness et des agro-industries en Afrique*, approuvée par la Conférence de haut niveau sur le développement de l'agrobusiness et des agro-industries en Afrique, tenue à Abuja, Nigeria en mars 2010. Cette initiative a pour objectif d'établir un secteur de l'agriculture en Afrique, comprenant en 2020 de chaines de valeur agricoles hautement productives et rentables. Si on se réfère à un rapport de la CEA[75], l'initiative vise à accélérer le développement des secteurs de l'agrobusiness et de l'agro-industrie, qui assurent une valeur ajoutée aux produits agricoles. Les quatre principaux domaines d'appui viseront essentiellement à permettre d'élaborer des politiques et de créer des biens publics ; des compétences et technologies de chaine de valeur ; des institutions et des services post-production et des mécanismes de financement et d'atténuation des risques renforcés.

[75] Rapport économique sur l'Afrique 2013, *op cit.*, p.108.

Promouvoir l'agro-business sans sacrifier l'agriculture familiale

La voie de l'autonomie alimentaire

Au lieu de chercher l'inspiration au Nord, les pays d'Afrique centrale peuvent apprendre et tirer parti du succès de certains pays en développement, tourner vers eux pour trouver des modèles de développement appropriés.

Par exemple, l'une des plus grandes réussites de l'humanité à la fin du XXe siècle est que les Chinois mangent pratiquement tous à leur faim : 1,2 milliard de chinois sur 1,3 ne connaissent plus la famine.

Les moyens déployés par la Chine pour arriver à ce résultat consistaient à effectuer des aménagements fonciers, hydrauliques et de communication sans lesquels le développement agricole ne pouvait s'installer. Il a fallu construire petits barrages, systèmes de drainage, chemins de passage, digues, terrasses, etc. avec de tout petits moyens techniques. L'ouvrage de Bruno Parmentier[76] nous apprend que la plupart des 22.000 petits barrages du pays ont été construits en transportant de la terre dans des paniers, sans même pouvoir utiliser des brouettes. L'auteur a néanmoins pris soins d'émettre de réserve sur la voie utilisée pour parvenir à ce succès : « Ce furent à n'en pas douter des travaux forcés, dont le coût humain fut immense et qu'on ne peut ériger en modèle ». Mais la mise en place d'un système d'irrigation performant à joué

---

[76] Parmentier Bruno, *Nourrir l'humanité. Les grands problèmes de l'agriculture mondiale au XXIe siècle*, Paris, éditions La Découverte, 2007, p.40.

un rôle fort important dans l'augmentation de la production agricole, dans le contexte d'un exode rural contrôlé.

Encadré n° 10 : De la « révolution verte » à la « révolution doublement verte »

La « révolution verte »[77] est un concept qui a vu le jour dans les années 1960. Il s'agit d'un ensemble de techniques de production utilisées pour l'agriculture irriguée des zones tropicales humides, employant des variétés de blé et de riz à paille courte et à haut rendement, des engrais et des produits phytosanitaires, et couplé avec des mesures de soutien : garantie d'achat à des prix fixes à l'avance, subventions, accès au crédit, système étendu et gratuit de formation/vulgarisation. Ces mesures d'investissement massif sont dans la droite ligne de celles qui ont permis de relancer efficacement les économies européennes (plan Marshall) et japonaise (plan MacArthur) après la Seconde Guerre mondiale.

La majeure partie des pays asiatiques, tant libéraux que communistes, s'y sont rapidement engouffrés : Japon, Chine, Inde, Indonésie, Vietnam, Philippines, Corée du Sud, etc. Ils ont rapidement obtenu des résultats spectaculaires au niveau des exploitations familiales, allant du doublement au quadruplement des rendements et de la production, ce qui a permis de réduire considérablement la précarité alimentaire.

Source : Parmentier Bruno, *op. cit.*, p.159.

[77] Michel Griffon a fait un tour très complet de cette problématique dans son ouvrage *Nourrir la planète*, Paris, Odile Jacob, 2006.

Etablir des ponts entre l'agriculture et l'industrie : l'expérience de la Malaisie[78]

La Malaisie fait partie de ces pays asiatiques dont le projet de développement industriel pourrait avantageusement inspirer l'Afrique centrale (et le continent noir tout entier). En l'espace de trois décennies, elle est parvenue à se hisser au rang des pays à revenus intermédiaires. Les grands axes de cette politique sont les suivants :

- *L'amélioration de la productivité.* Les produits agricoles pourront devenir compétitifs sur le plan international grâce à des progrès technologiques influant sur la productivité et l'efficience. La réalisation de cet objectif passe notamment par des efforts croissants dans le domaine de la recherche et du développement (R&D), l'amélioration des moyens techniques et du développement des ressources humaines. Il faut en outre encourager la restructuration de ces activités de transformation des ressources nationales par une plus grande intégration des activités en amont et en aval et par la consolidation des unités de production.
- *La mise en avant des activités à forte valeur ajoutée.* Pour mettre en avant les activités de transformation des ressources agricoles, la fabrication de produits haut de gamme doit être encouragée afin de tirer parti de l'expansion générale de ce marché. En conséquence, il convient de développer de nouveaux produits et de renforcer les institutions et les services de soutien.

[78] Source : Troisième plan national de politique agricole, ministère de l'Agriculture, Kuala Lumpur, 2000.

Exploiter judicieusement les terres arables et abondantes de la région : ne pas opposer l'agro-business à l'agriculture familiale

Il y a, ces derniers temps, beaucoup de débats, pour ne pas de polémiques, sur l'intérêt grandissant des investisseurs des pays riches et émergents pour les terres agricoles africaines. Certains parlent carrément d'accaparement. Des ONG locales et internationales, la société civile africaine, etc. fustigent généralement des transactions opérées sur des terres agricoles par des pouvoirs publics aux investisseurs étrangers, parlant d'« accaparement des terres »[79]. Arguments généralement avancés : les populations locales sont dépossédées de leurs terres, ce qui compromet l'agriculture familiale et donc le moyen de subsistance de ces populations.

Faut-il opposer l'agriculture familiale à l'agro-industrie ? Ne faut-il pas à la fois protéger les intérêts des populations locales et faciliter des investissements étrangers dans l'agriculture ?

Concernant l'Afrique centrale, en dehors du Tchad dont la partie septentrionale est sahélienne (aride ou semi-aride), du Rwanda et du Burundi qui sont exigües, qu'en fait-on d'immenses superficies de terre ?

Il y a quelques-fois des exagérations concernant les superficies des terres faisant l'objet de transactions pour peut-être frapper les esprits et mobiliser contre les dites transactions.

---

[79] Les pays africains ne sont d'ailleurs pas les seuls concernés par ce phénomène. Les pays les plus riches ne sont pas non plus épargnés par l'accaparement des terres : le Canada et l'Australie, pour ne citer que ces pays là, ont cédé de grandes surfaces de terres agricoles à des investisseurs étrangers. Le Qatar a ainsi acheté 22 millions d'hectares en Australie.

Un travail mené en 2012 par un groupe d'instituts de recherche, *Land Matrix*[80], a montré que l'ampleur du phénomène est moindre que les superficies souvent avancées et décriées. La base des données collectées par *Land Matrix* est en effet parvenue à déterminer que l'ensemble des transactions réalisées est finalement deux fois moins important que suspecté en 2012. Par exemple, le cas d'un investissement de fermiers sud-africains au Congo-Brazzaville cité par le CIRAD : « *On entendait parler de 10 millions d'hectares : en fait, la négociation a porté sur 200.000, la signature sur 80.000 ha et au final ils en ont reçu 50.000, mais seuls 5.000 ha sont réellement en culture* ».

Face aux perspectives d'évolution de la démographie mondiale et notamment africaine, l'agriculture est un secteur stratégique dont il convient d'en faire une priorité. En Afrique centrale (comme ailleurs sur le continent), le secteur agricole emploi 60 à 70% de la population active. Seulement, le secteur est dominé par l'agriculture traditionnelle pratiquée sur des petites superficies. Si ce type d'agriculture est salutaire pour la subsistance des familles, il ne procure malheureusement pas suffisamment de revenus à ceux qui le pratiquent et ne contribue pas de manière significative dans le PIB des Etats de la Région.

Les pays d'Afrique centrale – fort de ces plus 6,6 millions de km^2 de superficie – auront donc beaucoup à gagner en termes de sécurité alimentaire, de création

[80] Un projet indépendant qui regroupe les chercheurs de cinq grands instituts dans le monde parmi lesquels le CIRAD (Centre de coopération Internationale en Recherche Agronomique pour le Développement) français, le GIGA (German Institute of Global and Area studies) allemand et la *Coalition internationale pour l'accès à la terre* et dont sont associées une quarantaine organisations non gouvernementales et groupes de recherche.

d'emploi, de revenu fiscal et de valeur ajoutée en promouvant l'agro-industrie et l'agro-alimentaire, sans sacrifier les intérêts des petits agriculteurs (cultivateurs). Pour ce faire, ils doivent mettre en place des lois sur le foncier agricole qui tracent de nouvelles perspectives pour le secteur. Ces lois – qui doivent être élaborées de manière participative, associant les pouvoirs publics, la société civile, les populations locales, les experts…–, doivent à la fois protéger l'agriculture familiale et attirer des investisseurs dans l'agro-business, créateur de richesses.

Développer des pôles « Mines et métallurgie »

Comme nous l'avions vu en chapitre 1, l'Afrique centrale dispose d'un énorme potentiel minier (fer, bauxite, cobalt, nickel, manganèse, cuivre…) encore peu valorisé. Ces minerais, quand ils sont exploités, sont exportés essentiellement à l'état brut. Leur transformation locale pour les ferro-alliages doit être fortement encouragée, notamment pour capter les besoins important du marché régional du BTP en effervescence.

Avec ces très importants atouts, il faut œuvrer pour l'émergence des pôles de transformation métallurgique valorisant le minerai de fer qui, associés à d'autres métaux (manganèse, nickel, cobalt….), permet de produire des alliages de fer. Cela nécessite cependant des acquis technologiques dont il faut en planifier la maitrise grâce notamment à des partenariats avec des groupes sidérurgiques qu'il faut pouvoir attirer et créer les conditions d'investissement dans le cadre de délocalisation.

Des pôles métallurgiques (bauxite-aluminium, extraction de fer-aciérie-alliages de fer, et autres) porteront ainsi l'offre de la région sur les marchés régionaux et internationaux. Ces grandes filières, nécessitant évidement une approche régionale, symboliseront une orientation stratégique de rupture avec une économie minière focalisée sur l'exploitation rentière de matières premières. L'ambition d'érection d'industries métallurgiques visera l'insertion de l'Afrique centrale dans la valorisation de ressources minières majeures, grâce au développement de ses atouts compétitifs.

Cela permettra par ailleurs de créer les conditions de développement d'un large tissu de PME offrant en aval, une gamme diversifiée de matériaux de construction métalliques pour le BTP.

Promouvoir le secteur privé : les PME créatrices de richesses et d'emplois

Le secteur privé est un moteur de croissance économique et de développement durable. Un secteur privé fort est une bonne garantie pour attirer les capitaux privés étrangers, diversifier la structure des exportations et conquérir de nouvelles parts du marché international. La région a donc besoin de secteurs privés dynamiques pour stimuler la croissance économique.

Ce qui pose problème aujourd'hui dans la région Afrique centrale (et sur le continent en général), c'est l'absence d'investissements pour les PME qui sont créatrices de richesses, d'emplois et moteurs de croissance. Chaque fois qu'il y a des investissements, ils vont dans les grands projets et notamment dans l'exploitation de ressources naturelles. Il est plus que nécessaire d'orienter également des investisseurs dans les PME et promouvoir l'entrepreneuriat local.

Dans la plupart des pays d'Afrique centrale, le développement des PME est freiné par de nombreux problèmes liés à l'économie générale ou spécifiques à certains secteurs, notamment :
- Le manque de capitaux et autres moyens de production dont souffrent les PME, car les crédits sont alloués aux plus grandes entreprises, bien que l'expérience ait prouvé que les prêts aux PME pouvaient être rentables et efficaces ;
- L'accès restreint des PME aux fonds et investissements directs étrangers, qui limite l'actualisation de leur technologie et de leur savoir-faire en management.

S'inspirer de la leçon des tigres asiatiques
Au Singapour, par exemple, un plan de financement des petites industries a été établi, dans les années soixante-dix, pour encourager le progrès technologique dans les PME. Un peu plus tard, un fonds de capital risque (*Venture Capital Fund*) a vu le jour pour aider les PME à se procurer des capitaux par l'émission de titres grâce à des prêts à taux avantageux.

Adopter des mesures stratégiques pour insérer les entreprises locales dans les chaînes de valeur
En raison de la dynamique des chaines de valeur nationales, régionales et mondiales, il est de l'intérêt des grandes entreprises du secteur des produits de base de sous-traiter une bonne partie de leurs approvisionnements et services. La politique industrielle de la région devrait, comme le conseille la CEA[81], comprendre des

[81] *Rapport économique sur l'Afrique 2013*, « Tirer le plus grand profit des produits de base africains: l'industrialisation au service de la croissance, de l'emploi et de la transformation économique »,

programmes sur mesure de développement des chaines d'approvisionnement qui aident les entreprises locales à s'insérer dans ces chaines et à rester compétitives. Une telle politique peut porter sur des créneaux de haut de gamme et la certification de la qualité, la durabilité environnementale, les produits de spécialité ou le commerce équitable, ainsi que des mécanismes spéciaux de financement pour le renforcement des capacités des entreprises en matière d'établissement de liens en amont et en aval.

Accroître le commerce intra-CEEAC

Les propres estimations du secrétariat général de la CEEAC font état d'un taux de commerce intra-régional de 2% du commerce extérieur en 2011. L'Annuaire statistique commun de la BAD, la CEA et l'UA de 2010 établit ce taux à un niveau encore plus bas de 0,5%, contre par exemple 8% pour la CEDEAO et 9,9% pour la SADC.

Toutes les analyses économiques s'accordent à dire que l'Afrique centrale est la région commerçant le moins avec elle-même, comparativement à l'Afrique de l'Ouest, l'Afrique australe, l'Afrique de l'Est et l'Afrique du Nord.

Les voies et moyens pour accroître le commerce régional seraient, entre autres : (i) l'harmonisation des politiques commerciales ; (ii) l'amélioration des communications et de la structure des marchés. En effet, comme nous l'avons développé en chapitre 5, un grand obstacle au commerce intra-CEEAC est l'inadéquation de son infrastructure des communications.

Commission économique des Nations Unies pour l'Afrique (CEA), Addis-Abeba, 2013, p. 12.

De ce fait, une possibilité s'offre aux États d'adopter une politique volontariste, s'agissant d'investir d'une part, dans les infrastructures nationales (les routes rurales et les routes de desserte, qui permettent de transporter les produits vers les marchés, les ports, les routes et les nœuds ferroviaires) et d'autre part, dans la mise en œuvre du PDCT-AC (développé en chapitre 9).

La « Vision africaine des mines », un moyen de financement de la diversification de l'économie

Adopté à d'Addis-Abeba, en 2011, lors de la deuxième Conférence des ministres de l'Union africaine en charge de la mise en valeur des ressources minières, la *Vision africaine des mines* reconnaît l'importance des rentes et des taxes minières. Mais elle appelle les gouvernements à lier l'exploitation minière au développement de l'énergie, des routes, des voies ferrées, de l'agriculture et de l'infrastructure sociale aussi bien lors de la signature de nouveaux contrats miniers que lors des renégociations des contrats existants.

Pour maximiser les effets de la flambée des cours des produits de base sur l'établissement de liens, la Vision identifie les stratégies suivantes :

• Canaliser les rentes tirées des ressources pour améliorer l'infrastructure physique de base et de connaissances.

• Emploi des ressources générant des rentes élevées pour ouvrir d'autres activités économiques (tels que l'agriculture, la sylviculture et le tourisme).

• Etablir des industries de transformation des ressources (valorisation)

• Utiliser le marché assez considérable du secteur des ressources pour développer le secteur de fournitures/ intrants (biens d'équipement, consommables, services).
• etc.

La pleine application de ces stratégies, à travers la bonne gouvernance, permettrait de financer, en partie, la diversification de l'économie des Etats d'Afrique centrale qui sont, presque tous, riches en ressources minières.

Quand la référence au développement a cédé la place à la lutte contre la pauvreté : critiques des OMD et propositions d'amélioration

Emmanuel Ndione de l'association Enda (basée à Dakar) a pertinemment fait remarquer : « Dans les fora internationaux, la référence au développement a cédé la place à la lutte contre la pauvreté. Ce qui n'était qu'un symptôme du sous-développement devenait sa cause exclusive. [Cette attitude] évitait de s'interroger sur les règles d'un système qui produit des inégalités croissantes et in fine la pauvreté »[82].

Adoptés par l'Assemblée générale des Nations unies, lors du Sommet du Millénaire en septembre 2000, les Objectifs du millénaire pour le développement (OMD) visent globalement à réduire de moitié la pauvreté à l'horizon 2015. Cet objectif global se décline en 8 objectifs spécifiques, à savoir :

Objectif 1 : Éliminer l'extrême pauvreté et la faim
Objectif 2 : Assurer l'éducation primaire pour tous

[82] In *Développement Magazine*, Paris, n° 186, mai 2003, p.14

Objectif 3 : Promouvoir l'égalité des genres et l'autonomisation des femmes
Objectif 4 : Réduire la mortalité des enfants de moins de 5 ans
Objectif 5 : Améliorer la santé maternelle
Objectif 6 : Combattre le VIH/Sida, le paludisme et d'autres maladies
Objectif 7 : Assurer un environnement durable
Objectif 8 : Mettre en place un partenariat mondial pour le développement

Depuis lors, les efforts de la communauté internationale à l'endroit des pays moins avancés sont principalement consacrés à la réalisation de ces objectifs. Il convient aujourd'hui de porter un regard critique sur les OMD. Les reproches à leur sujet sont double :

- *Les OMD ont accordé une attention disproportionnée au secteur social.* Cela a créé une déconnexion entre l'obtention des résultats et leur durabilité. En l'absence de croissance et du renforcement des capacités de production, les résultats sociaux positifs observés ne devraient pas être financièrement viables. Par exemple, les bons résultats obtenus en matière d'indicateurs du VIH/sida ont été possibles dans une large mesure grâce aux fonds mis à disposition. Ces résultats seraient probablement réduits à néant si les ressources venaient à manquer.
- *Les OMD ont favorisé la dépendance.* Le discours sur le développement accordait trop d'importance au financement assuré par les donateurs, créant ainsi « un statut » de pays dépendant de l'aide étrangère et renforçant le déséquilibre qui caractérise le partenariat entre les pays bénéficiaires et les pays donateurs.

En ce qui concerne l'agenda post 2015, l'étude des documents et des conclusions des discussions en cours portant sur les OMD permettent de dégager trois principales options : (i) retenir les OMD dans leur présente configuration ; (ii) reformuler les OMD de façon à tenir compte d'un certain nombre d'observations; ou (iii) élaborer un nouveau programme. Le PNUD détaille dans un rapport[83] les trois options que nous résumons ci-après :

Option 1 : Maintien des OMD dans leur configuration actuelle. Pour les défenseurs de cette option, il n'a pas été accordé aux pays en développement suffisamment de temps ou de ressources pour la mise en œuvre des objectifs ; aussi les options de la reformulation des OMD ou de l'élaboration d'un programme nouveau –forcement coûteuse – seraient inopportunes.

Option 2 : Reformulation des OMD : les « OMD-Plus ». Cette argumentation part du principe que les OMD souffrent certes de plusieurs faiblesses, mais que les succès obtenus dans leur mise en œuvre justifient la poursuite de celle-ci.

La reformulation des OMD font valoir qu'il serait plus utile d'adopter dès 2015 une approche « OMD-Plus » qui permettra de restructurer les objectifs en éliminant les doubles emplois et de créer ainsi un espace pour les questions importantes qui n'ont pas été retenues lors du choix des objectifs initiaux. « OMD-Plus » devra inclure la préoccupation de création d'emplois décents.

[83] Rapport OMD 2012, *Évaluation des progrès accomplis en Afrique dans la réalisation des objectifs du Millénaire pour le développement*, PNUD, 2012, pp.147-150.

Option 3 : Élaboration d'un nouveau cadre. Les partisans d'un nouveau cadre avancent l'argument selon lequel, bien qu'ils visent à réduire la pauvreté à l'échelle mondiale, les OMD mettent l'accent essentiellement sur les résultats (des indicateurs de développement humain tels que l'éducation et la santé) plutôt que sur des facteurs tels une meilleure amélioration et diversification des économies des pays en développement grâce notamment à la transformation de ces économies. C'est pourquoi de nouveaux objectifs de développement qui ciblent spécifiquement la transformation structurelle des pays en développement devraient être élaborés pour l'après 2015. Ce nouveau programme devra se préoccuper, entre autres, des éléments suivants :
(i) la mise en valeur du capital humain, en renforçant l'enseignement tertiaire et le développement des compétences.
(ii) la transformation agricole susceptible d'augmenter la productivité des petits exploitants et de développer les chaines de valeur du secteur agricole.
(iii) du développement de marchés financiers pour promouvoir l'innovation et atténuer les risques.
(iv) le développement de marchés de l'énergie très actifs.

L'idée qui sous-tend le présent ouvrage converge vers l'option 3 car s'il est bon de lutter contre la pauvreté à travers la santé, l'éducation, etc., il serait mieux de promouvoir le développement économique à travers les infrastructures, l'agriculture, l'emploi, etc. afin de donner de revenus aux populations, permettant ainsi d'assurer la viabilité de la réduction de la pauvreté.

Chapitre 10 : Investir dans le capital humain pour relever les défis du développement de la région

Les ressources naturelles ne suffisent pas à faire le développement. Ce qui fait le développement, c'est l'homme, son intelligence, sa créativité et la production d'activités diversifiées. Comme a pertinemment intitulé son ouvrage, le Béninois Adrien Houngbédji, « Il n'y a de richesse que d'hommes »[84].

De nombreux rapports des institutions de développement (CEA, PNUD, BAD, etc.) relèvent la carence de compétences locales pour relever les défis du développement de l'Afrique. Cette pénurie est encore plus prononcée en Afrique centrale qui ne dispose ni de la main d'œuvre suffisamment qualifiée, ni des institutions de formation susceptibles d'accompagner le développement de ses piliers sectoriels.

Cependant, la forte proportion de la jeunesse dans les pays de la région (plus de 60% des populations ont moins de 20 ans) constitue une ressource humaine exceptionnelle. Une attention particulière doit en effet être portée sur le financement des investissements dans les secteurs de l'éducation et de la santé, indispensables pour

---

[84] Houngbédji Adrien, *Il n'y a de richesse que d'hommes*, éditions L'Archipel, 2005, 240p.

la formation du capital humain et des compétences. Car, le renforcement du capital humain favorisera la productivité ce qui est vital pour la transformation économique.

La valorisation du potentiel de la région (ressources naturelles et l'agriculture) nécessite des compétences et pour cela, il faut un dispositif adéquat de formation. Il est alors primordial d'intégrer les ressources humaines dans les stratégies de développement de la Région.

Investir dans l'enseignement supérieur et la formation professionnelle

Le développement de la région ne peut s'opérer si les secteurs moteurs de croissance ne disposent pas de ressources humaines qualifiées. Un renforcement structurel de l'offre de formation supérieure, et de manière générale le renforcement du capital humain de la Communauté, sont un impératif.

Le renforcement de la qualification des ressources humaines doit constituer une priorité à travers des programmes qui viseraient à favoriser le développement de structures de formation supérieure répondant aux normes de qualité internationale, en particulier dans le domaine du management et dans les grands piliers de croissance tels que les mines, les hydrocarbures, l'agro-alimentaire, les nouvelles technologies, les BTP, la biotechnologie, etc.

Il faut par ailleurs un programme de développement de la formation professionnelle et des filières d'apprentissage qui doterait les Etats des cadres moyens et ouvriers qualifiés requis pour le développement des secteurs suscités et de la sous-traitance industrielle. Pour ce faire, il convient de mettre en place une politique régionale ciblée de formation professionnelle et de développement de l'apprentissage, en appui aux politiques nationales.

Créer des Centres d'excellence régionaux de formation

Le diagnostic ayant conduit à l'élaboration du Programme économique régional (PER) de la CEMAC, par exemple, fait apparaître d'énormes besoins de formation dans de nombreux secteurs (bâtiment, pétrole et produits pétroliers, électricité, télécommunications…) alors que l'enseignement supérieur des Etats membres est confronté à de nombreuses difficultés et l'offre de formation dans les filières des piliers de croissance est très faible. Aussi, des formations dans des filières spécialisées ne peuvent être efficaces si chaque Etat membre développe son propre système de formation de façon isolée. Il convient de créer des pôles de formation qui vont abriter les centres d'excellence régionaux d'enseignement supérieur – à rayonnement régional – dans les filières des secteurs de croissance.

L'enseignement technique et la formation professionnelle : le maître-mot doit être « adéquation formation-emploi »

Les besoins dans les secteurs de développement (BTP, agriculture, industries agro-alimentaires ; télécommunications,…) en main d'œuvre qualifiée sont considérables et vont augmenter dans les prochaines années. Il faut mettre en place un programme de développement de formation professionnelle et des filières d'apprentissage permettant de doter les Etats de la région des cadres moyens et ouvriers qualifiés dans ces secteurs en vue de relever les nombreux défis du développement. Le maître-mot qui doit guider l'enseignement technique et la formation professionnelle sera l'« adéquation formation-emploi » afin de permettre aux entreprises de disposer des profils requis et de réduire ainsi de façon significative le chômage – en particulier le chômage des jeunes – dans tous les Etat membres.

La santé : des centres d'excellence régionaux de formation et de recherche relatives à la lutte contre les grandes endémies et aux soins spécialisés

Sur le plan sanitaire, l'Afrique centrale est une des régions du monde frappées de beaucoup d'épidémies (sida, paludisme, fièvre Ebola, tuberculose…). Par conséquent, dans le domaine médical, il faut axer les efforts sur la lutte contre les grandes endémies et les soins spécialisés à travers des pôles régionaux de lutte contre les grandes endémies et des réseaux régionaux de soins spécialisés de haut niveau dans les domaines les plus sollicités de la médecine, notamment dans les spécialités chirurgicales, la cardiologie, la neurologie, la cancérologie… Des investissements dans l'installation des centres d'excellence régionaux de formation et de recherche médicales, en vue de fournir aux Etats de la région des compétences dans ces domaines, seront décisifs.

Implanter des technopôles pour favoriser la recherche-développement

Les technopôles sont des pôles de technologie, c'est-à-dire des groupements des centres de recherche et des entreprises qui s'attachent au développement scientifique en englobant un processus allant de l'étape du laboratoire jusqu'à celle de la fabrication du produit.

Les pays de la région se doivent de mutualiser leurs moyens afin d'aménager des sites permettant la création des technopôles dans les secteurs émergeants tels que l'agro-alimentaire, les technologies de l'information et de la communication (TIC), les énergies renouvelables, etc.

Les technopôles permettraient d'une part, de promouvoir la recherche-développement, très peu développée ou presqu'inexistante dans la région, et d'autre part, de mettre des produits à forte valeur ajoutée sur les marchés nationaux, régionaux et mondiaux. La région et l'Afrique en générale verraient, de ce fait, leur part accroître dans le commerce mondial.

Encadré n° 11 : Plaidoyer pour une politique conséquente de recherche-développement

L'un des fondements de la qualité de la spécialisation internationale des pays réside dans une politique active de recherche-développement (R&D) qui induit le progrès technique, donc les innovations de produits ou de procédés. Autrement dit, à l'heure du capitalisme technologique, la position des pays dans l'économie mondiale est de plus en plus tributaire de leurs efforts en R&D pour lesquels les normes internationales recommandent qu'ils représentent au moins 1% du PIB. Par exemple, actuellement l'effort en R&D du Japon est de 3% du PIB, contre 2,6% du PIB pour les Etats-Unis, 2,4% du PIB en Allemagne et en France[85]. Parmi les PVD [pays en voie de développement], seuls les NPI [nouveaux pays industrialisés] asiatiques et latino-américains ont tendance

[85] Guellec J. « La technologie au cœur de la puissance », in Lorot P. (dir.), *Introduction à la géo-économie*, Paris éditions Economica, 1999, pp. 154-156.

à se rapprocher de ces performances technologiques des pays avancés de l'OCDE.
(...) les pays de la CEEAC ne sauraient améliorer leur spécialisation internationale (c'est-à-dire une spécialisation centrée sur l'exportation de biens à forte valeur ajoutée) sans déployer une politique en matière de R&D en liaison avec une politique de l'éducation efficace en vue de se doter à terme, dans le cadre de la coopération régionale de préférence, d'un potentiel scientifique et technique ou d'une « technoculture ». Cela contribuerait à améliorer à terme leur positionnement mondial par rapport à l'indicateur du développement technologique (IDT) qui est destiné à évaluer le niveau d'innovation et de diffusion des technologies d'un pays, ainsi que le degré de formation des compétences humaines[86]. Les progrès notables en matière d'IDT permettraient aux pays africains, spécialement ceux de la CEEAC, de développer une capacité technologique susceptible d'assurer leur participation effective.

Source : Dzaka-Kikouta Théophile « Entre marginalisation et intégration régionale. Les enjeux du développement de l'Afrique centrale face à la mondialisation » in

[86] D'après le PNUD, l'IDT est calculé sur la base de 4 paramètres ayant reçu une pondération égale : l'innovation technologique (nombre de brevets délivrés par habitant, montant par habitant de redevances et droits de licence reçus à l'étranger) ; diffusion des technologies récentes (nombre d'ordinateurs reliés à l'Internet par habitant, part des exportations de produits à contenu technologique dans les exportations totales) ; diffusion des technologies anciennes (nombre de téléphones par habitant, consommation d'électricité par habitant) ; compétences humaines (durée moyenne de la scolarité, taux brut d'inscription dans l'enseignement en sciences, mathématiques et ingénierie). In PNUD (2001), *Rapport mondial sur le développement humain 2001*, Bruxelles De Boeck université, pp.46-47.

Rupture-Solidarité, *Résistances et dissidences. L'Afrique (centrale) des Droits de l'homme*, n°4, nouvelle série, Paris, éditions Karthala, 2003, p. 256.

Développer des compétences pour défendre les intérêts des Etats de la région

L'engouement des pays occidentaux et émergents pour les ressources naturelles en Afrique est une importante opportunité pour le continent. En effet, partout en Afrique et notamment en Afrique centrale (Angola, RDC, Cameroun...), les puissances occidentales et la Chine (mais aussi, le Brésil, l'Inde, etc.) sont en compétition, sinon en concurrence. Cela offre aux Etats de la région la possibilité de choix de partenaires économiques.

Devant cet engouement pour les ressources naturelles, les Etats doivent développer une réelle capacité d'expertise, pour pouvoir évaluer des projets qui se chiffrent, la plupart, en centaines de millions voire des milliards de dollars US, au lieu que les choses se décident dans les cabinets ministériels et palais présidentiels par des gens qui n'ont pas nécessairement la compétence requise dans les domaines. Le développement des ressources humaines locales permettrait d'éviter que tout se passe entre des cabinets extérieurs, généralement liés aux grands groupes aidés de puissants (nous pensons ici au lobbying ou aux pressions ''amicales'' des chefs d'Etats ou ministres occidentaux sur leurs homologues africains).

Les Africains doivent savoir que les premières richesses, ce ne sont pas les ressources naturelles mais le capital humain (des hommes bien formés, pour le dire simplement). Ils sont, hélas, éduqués en ayant dans l'esprit que la richesse ce sont le sous sol et le sol. Les exemples européen et japonais dans l'histoire récente peuvent nous instruire. Si l'Europe s'est relevée après la Seconde Guerre mondiale à partir de 1945, c'était certes parce qu'elle a reçu un grand prêt que lui ont concédé les Etats-Unis d'Amérique, le fameux Plan Marshall – qui a relevé effectivement les défis économiques européens dès 1947 jusqu'aux années 60 – mais elle s'était surtout appuyée sur des ressources humaines qui se trouvaient déjà sur place et qu'elle a su développer. C'est aussi le cas du Japon. S'il y a un pays qui a été littéralement et physiquement anéanti, c'est le Japon en 1945. Souvenons-nous du bombardement de Nagasaki et d'Hiroshima avec la bombe atomique. Mais le Japon – qui n'est pas pourvu de ressources naturelles – s'est relevé pour être en 1978-1980, déjà, la troisième puissance, et très vite par la suite la deuxième puissance mondiale : il est aujourd'hui détrôné de ce rang par la Chine, désormais deuxième puissance économique mondiale. Ce qui veut dire que ce ne sont pas les matières premières qui comptent, c'est d'abord la matière grise qui est le réel moteur du développement. Mais force est de constater que sur le continent africain en général et en Afrique centrale en particulier, on n'investit pas assez dans les ressources humaines. Il faut inverser la tendance.

Créer des organes chargés de renforcement des capacités juridiques et techniques locales

En 2010, la BAD a mis en place un organe de conseil juridique chargé d'aider les gouvernements africains à négocier des contrats à long terme. A travers cet organe, la Banque contribue aux frais juridiques et recommande aux gouvernements les meilleurs bureaux d'avocats possédant des compétences spéciales. La BAD demande par ailleurs que les juristes locaux soient intégrés au processus en vue de renforcer les capacités juridiques locales.

Les institutions régionales (la CEMAC, la CEEAC…) ne devront pas être en reste. Elles doivent – en complémentarité avec la BAD – prendre en charge les initiatives d'appui au renforcement des capacités de négociation des Etats de la région, disposer de conseils et de dispositifs de veille sur les tendances d'évolution des marchés de produits miniers, les pratiques contractuelles, les dynamiques des différentes filières minières en termes d'évolution de la transformation, de compétitivité, de marché…

De son côté, la « Vision pour l'industrie minière », adoptée à d'Addis-Abeba, en décembre 2011, lors de la deuxième Conférence des ministres de l'Union africaine en charge de la mise en valeur des ressources minières, appelle les gouvernements à, entre autres, investir dans les compétences humaines et la collecte de données afin de faciliter la gestion du secteur. L'application de la Vision contribuerait au renforcement des capacités nationales.

En Angola, par exemple, un programme ambitieux existe déjà dans ce sens. Le programme en question a pour objet d'accroître le contenu local dans sa chaine de valeur pétrolière et gazière. Il se fonde sur des décrets de 1982 et de 2003 ainsi que sur la loi de 2004 relative à l'activité pétrolière, qui fait obligation aux compagnies pétrolières et gazières de former et de recruter de la main-d'œuvre locale et de s'approvisionner de préférence auprès d'entreprises angolaises pour les produits qui ne sont pas à forte intensité de capital ou de savoir.

Un rapport de la CEA[87] relève que ce programme a connu de succès dans l'emploi et les compétences des

[87] Rapport économique sur l'Afrique 2013, *op. cit.*, p.100.

travailleurs locaux se sont constamment améliorées grâce aux investissements importants effectués dans la formation par les compagnies pétrolières et gazières et par le secteur public.

Les autres Etats de la région se doivent de s'inspirer du programme angolais.

Création de l'Institut du Pétrole et du Gaz au Gabon, une bonne initiative

Le Gabon a inauguré, en janvier 2014, l'Institut du Pétrole et du Gaz (IPG) créé pour former des futurs cadres gabonais, à Port-Gentil, capitale économique où sont basées la plupart des installations pétrolières du pays.
Cet institut, qui est le fruit d'un partenariat public-privé entre l'Etat gabonais et plusieurs compagnies pétrolières, est censé accueillir, au départ, 60 étudiants par an. Il offre une formation de 16 mois, spécialisée dans le génie pétrolier (géosciences, forage, puits, production), ouverte aux titulaires d'un diplôme d'ingénieur ou d'un bac +5.

Former des cadres qualifiés sur place afin de réduire le recours à la main d'œuvre étrangère, est une initiative salutaire qu'il faut espérer son élargissement à la région. Il convient de militer pour que l'IPG devienne à terme un établissement régional de référence.

Les diasporas, un réservoir de compétences à mettre à contribution

Les pays de la région pourraient tirer profit des connaissances additionnelles acquises par leurs ressortissants résidant et travaillant à l'étranger. En effet, comme le fait savoir une étude de la CNUCED[88], des émigrants hautement qualifiés représentent un réservoir de compétences qui peut être organisé en « réseaux de partage du savoir des diasporas » qui faciliteront les transferts de connaissances et de technologie vers les pays d'origine. Il faut prendre des mesures incitatives en vue d'exploiter ce potentiel.

Cependant, pour bénéficier des compétences de cette diaspora, il faut un ensemble de conditions institutionnelles, économiques et politiques qui font encore défaut dans la plupart des pays. Des initiatives de la part des pays d'Afrique centrale sont donc essentielles pour promouvoir ou renforcer les effets positifs de leurs diasporas. Pour ce faire, il faut commencer par avoir une bonne connaissance de l'ampleur et des types de migration internationale, de la localisation géographique, de l'ampleur et de la nature des activités des diasporas. L'état des connaissances actuelles des Etats est hélas médiocre. Une partie est de nature statistique. Comme le fait remarquer l'étude de la CNUCED, il n'existe quasiment pas de mécanismes ou d'organismes officiels s'occupant des nombreux aspects des migrations et de leurs conséquences, et ceux qui existent s'intéressent essentiellement aux envois de fonds.

Les pays de la région se devraient de tirer les enseignements de l'expérience des pays qui ont bénéficié le plus de réseaux de leurs diasporas en faisant de leurs interactions un élément à part entière de leur politique

---

[88] Conférence des Nations Unies sur le commerce et le développement (CNUCED), *Rapport 2012 sur les pays les moins avancés (aperçu général),* « Mettre à profit les envois de fonds et les compétences des diasporas pour renforcer les capacités productives », CNUCED, 2012, p.19.

industrielle et de leur stratégie nationale de développement en général. Ces réseaux ont effectivement été des vecteurs de changement, dans des pays développés comme dans des pays en développement. Des exemples éloquents en sont fournis par différentes communautés d'émigrants indiens, chinois, coréens, taïwanais, vietnamiens, turcs et bangladais, pour ne citer que ces quelques communautés.

Chapitre 11 : Le financement du développement de la région : des pistes pour la mobilisation de ressources

Trop de programmes, projets et plans bien conçus, en Afrique, connaissent des difficultés de mise en œuvre faute d'une stratégie adéquate de financement. La forte dépendance de ces plans vis-à-vis de l'appui financier des partenaires au développement les condamnent souvent à avancer au rythme des conditionnalités, c'est-à-dire lentement. De ce fait et au regard de besoins considérables d'investissements pour financer le développement de l'Afrique centrale, il convient de mettre en place une approche de financement innovante.

Une instruction des chefs d'Etat et de gouvernement de la CEMAC, réunis en sommet extraordinaire à Libreville au Gabon en juin 2013, va dans ce sens. En effet, la Conférence a instruit le Gouverneur de la BEAC à mettre en place des produits innovants en matière de financement des PME et des infrastructures.

Financer les infrastructures, l'industrialisation, etc. se révèle coûteux et l'Afrique centrale doit, pour assurer sa transformation économique, mobiliser des ressources intérieures et extérieures, sans perdre de vue la volatilité des apports extérieurs, en particulier l'aide publique au développement (APD), en raison des difficultés économiques des pays donateurs. Les ressources intérieures sont, elles aussi, souvent volatiles parce qu'elles dépendent, en grande partie, des marchés des produits de base dont les cours sont tout aussi fluctuants.

L'utilisation de revenus des ressources naturelles (pétrole, minerais...), pour des pays qui en sont riches, peut être un moyen pour les gouvernements de disposer de fonds plus considérables pour financer la transformation de leurs pays. L'utilisation de revenus des ressources naturelles permet par ailleurs de réduire la dépendance des pays à l'égard de l'aide extérieure.

Encadré n° 12 : Le Botswana, un exemple positif de l'utilisation de revenus des ressources naturelles

Le Botswana figure parmi les pays qui ont manifestement échappé à la malédiction des ressources naturelles. Les revenus tirés des exportations de minerais du pays, principalement des diamants, sont répartis selon une règle qui limite leur utilisation aux dépenses d'investissement, le restant étant placé sur un compte d'épargne, le Fonds Pula. Le Fonds Pula sert à faire des économies pour les générations futures. Cependant, il est également utilisé pour stabiliser l'économie en cas de chocs extérieurs, ce qui permet au gouvernement d'éviter des ajustements budgétaires néfastes qui risqueraient de renforcer la récession et d'entraîner des coupes budgétaires dans des secteurs essentiels. La forte croissance du Botswana ne se base pas sur le Fonds Pula : ce pays possède une tradition de gestion macroéconomique solide. Toutefois, les règles budgétaires régissant les revenus miniers ont permis aux gouvernements successifs d'éviter des choix politiques douloureux.

Source : Africa Progress Panel, *op. cit.,* p.82.

La mobilisation des ressources nationales est à privilégier

Il est à noter que la zone Afrique centrale dispose d'une épargne abondante. Les pays exportateurs de pétrole, qui ont vu leurs recettes d'exportation augmenter, à la suite de la forte hausse des cours de cette matière de base, affichent d'importants excédents de trésorerie. De même les banques commerciales dégagent une épargne importante. Cependant, le constat qui se dégage est qu'il y a un faible niveau de financement de l'investissement. Cette épargne n'est en effet pas suffisamment drainée vers le financement des infrastructures et de la sphère productive, notamment des PME, maillon essentiel dans les stratégies de diversification des économies.

L'épargne nationale est indispensable et un moyen efficace de financer une croissance et un développement durables. Elle doit donc être intensifiée pour stimuler l'industrialisation et transformation économique.

L'avantage des ressources nationales, c'est qu'elles sont moins volatiles et plus stables, de ce fait, elles permettront aux pays d'Afrique centrale de s'approprier les politiques de développement ainsi que leurs résultats.

Pour optimiser la mobilisation des ressources nationales en vue de l'industrialisation et la transformation économique, les Etats de région doivent, comme le prescrit la CEA[89] : (i) engager des réformes de leur secteur financier afin de favoriser la mobilisation de l'épargne privée et des recettes fiscales ; (ii) mieux utiliser les recettes tirées des ressources naturelles[90] ; (iii) explorer

---

[89] Rapport économique sur l'Afrique 2013, *op. cit.*, p.60.

[90] L'adhésion à l'Initiative de transparence des industries extractives (ITIE), par exemple, conduirait à l'amélioration de la transparence et de la responsabilité dans la gestion des ressources naturelles et

des approches innovantes de financement ; (iv) développer le marché financier pour faciliter l'utilisation efficace de l'épargne nationale et sa canalisation vers les secteurs productifs, etc.

Le respect des engagements permettrait de dégager de financement de certains secteurs

Le respect d'engagements financiers, ci-dessous, pris par les gouvernements, permettrait aux Etats de la région de dégager des dizaines de milliards de dollars US pour le financement des secteurs de l'éducation, de la santé et de l'agriculture. En effet, les dirigeants africains (les chefs d'Etat et/ou les gouvernements) ont adopté :
- En 2000, *le Cadre d'action de Dakar*, s'engageant à affecter 7% de leur PIB au secteur de l'éducation.
- En 2001, *la Déclaration d'Abuja*, s'engageant ainsi à affecter 15 % des dépenses publiques à la santé.
- En 2003, *la Déclaration de Maputo*, promettant de consacrer 10 % de leurs dépenses publiques à la promotion de l'agriculture et du développement rural.

Concernant par exemple le Cadre d'action de Dakar, relatif au financement du secteur de l'éducation, un rapport[91] indique que des pays d'Afrique centrale comme la Guinée équatoriale, la République centrafricaine, la République démocratique du Congo et le Tchad ne sont pas parvenus à respecter ne serait-ce que 30 % en moyenne de cet engagement au cours de la période 2000-2010.

---

permettrait, par voie de conséquence, aux pays adhérés de tirer meilleure partie des ressources, en termes de revenus.

[91] Rapport DATA 2013, *Financer la lutte pour la transformation de l'Afrique*, ONG One, Paris, 2013, p. 20.

Financement régional

Les Etats doivent penser des instruments communautaires viables de financement du développement de la région.

La création des Fonds de Développement de la CEMAC et de la CEEAC contribuerait à la mobilisation de fonds pour le développement économique et social. Ces fonds devraient être alimentés de façon pérenne par des ressources innovantes (par exemple, des redevances sur les ressources naturelles), du type de redevance de 3 dollars US par baril de pétrole, proposée pour la mobilisation d'une partie du financement du PER de la CEMAC. A l'instar de baril de pétrole, on pourrait instituer des redevances communautaires sur le mettre cube de bois en grume, le carat de diamant, le kilogramme d'or... pour financer la transformation économique de la région.

Par ailleurs, les excédents budgétaires des pays de la région (qui en ont) sont à orienter vers des projets structurants dans les domaines tels que les infrastructures, la promotion du secteur privé, etc. Le stock de réserves internationales liquides de l'Angola, par exemple, a atteint 21 milliards de dollars US en 2011 (contre seulement 17 milliards en 2010). Fort de ces réserves, l'Angola s'intéresse davantage à des acquisitions au Portugal, ancien pays colonisateur, qui est contraint de privatiser certaines de ses entreprises, en vertu d'un accord passé en mai 2011 avec l'Union européenne et le FMI. Le Portugal a dû céder tout ou partie de la compagnie aérienne TAP, de Energias de Portugal ou de la banque BPN. Une partie de la capitalisation de la Bourse de Lisbonne (4% environ) est passée dans des mains angolaises. Les investissements angolais au Portugal sont ainsi estimés à 200 millions d'euros en 2012. Il faut mettre en place un cadre permettant d'orienter une partie importante de ces réserves vers la transformation économique de la région.

TCI, un mécanisme communautaire de financement

La Taxe communautaire d'intégration (TCI) est un mécanisme communautaire de financement des activités de la CEMAC, lui garantissant l'autonomie financière.
La TCI a été adoptée par l'Acte additionnel du 14 décembre 2000, pris à Ndjamena et consolidée par un autre acte additionnel du 28 janvier 2004, pris à Brazzaville.

Le principe est que « toutes les importations de produits en provenance de pays tiers (hors Communauté), n'ayant pas conclus des accords privilégiés avec un membre de la communauté ou ne faisant pas l'objet d'une disposition fiscale spéciale (comme les produits pétroliers), sont soumis à une taxe dont le taux est de 1% ».

Les recettes annuelles de cette taxe sont entièrement reversées dans un compte spécial ouvert à la BEAC. Les ressources de la TCI sont destinées principalement à couvrir les dépenses de fonctionnement de la CEMAC (Commission, organes et institutions spécialisées). Il serait profitable pour la région d'élargir l'assiette de cette taxe en vue de la consacrer également aux investissements.

Renforcer la capacité de la BDEAC

Un instrument de financement du développement (des projets intégrateurs publics ou privés) de la zone CEMAC, la Banque de développement des Etats de l'Afrique centrale (BDEAC) a une capacité (en ressources financières et humaines) faible au regard de considérables besoins de développement de la zone. Le volume de ses engagements témoigne de ses moyens financiers limités.

En effet, la Banque avait prévu pour son plan stratégique 2008-2012, un volume de 220 milliards de F CFA (450 millions USD) mais a réalisé 405 milliards de F CFA (850 millions USD) pour la période, soit 184%. En revanche, à travers son plan stratégique pour la période 2013-2017, la Banque entend réaliser un volume total d'engagements de 950 milliards de F CFA (2 milliards USD).

Même si on entrevoit de progrès au cours de ces deux plans, le volume reste faible. Il est donc impératif de renforcer la capacité financière et institutionnelle[92] de la BDEAC afin de lui permettre de jouer un rôle majeur dans le financement de l'intégration régionale.

Par ailleurs, il conviendrait de créer un instrument similaire pour la zone CEEAC ou d'élargir la surface géographique de la BDEAC par l'adhésion des Etats de la CEEAC qui n'en sont pas membres.

Les fonds souverains, un instrument de financement du développement à mobiliser

Les fonds souverains sont des instruments d'investissement créés par les Etats à partir des excédents de revenus générés par leurs activités économiques. Les fonds ont pour mission d'investir ces excédents dans un ensemble d'activités ou de domaines en recherchant une rentabilité maximum associée à une prise de risque

[92] En termes d'effectif du personnel, par exemple, au 31 décembre 2012, la BDEAC ne comptait que 84 agents. Comparé à une institution similaire, la Banque ouest-africaine de développement (BOAD), qui en comptait 280 à la même date, soit 3 fois et demi plus. La BDEAC a besoin d'étoffer son équipe en quantité et qualité pour mieux remplir ses missions. Les ressources humaines sont un élément important pour la gouvernance des institutions. C'est ce qu'a compris la BOAD.

minimum. L'objectif final étant d'assurer aux générations futures des ressources stables et de soutenir l'économie nationale en période de crise.

Certains Etats d'Afrique centrale disposent de fonds souverains. Ce sont les cas de l'Angola, du Gabon, de la Guinée équatoriale, de São Tomé et Príncipe.

L'Angola a lancé en 2012 un fonds souverain dénommé « *Fundo Soberano de Angola* (FSDEA) », doté de 5 milliards de dollars, alimenté par la vente du pétrole, qui génère plus de 95 % des recettes du pays et environ 45% du produit intérieur brut. La mission du fonds est de « promouvoir du développement économique et social de l'Angola ». Le fonds a également l'intention d'investir en Afrique Subsaharienne.

Le fonds souverain du Gabon, baptisé « *Fonds Souverain de la République Gabonaise* (FSRG) » a, quant à lui, été officiellement créé par le gouvernement de ce pays en février 2013 et se dote de 500 milliards de F CFA (environ 1 milliard USD).

Il y a lieu d'étudier les voies permettant de canaliser ces fonds souverains, qui sont un véritable instrument de financement du développement, vers la transformation économique de la région.

Le partenariat public-privé (PPP), un outil indiqué pour se doter d'infrastructures

Initié par le Royaume-Uni en 1992 sous l'appellation de la « Project Finance Initiative », le partenariat public-privé (PPP) est un mode de financement par lequel une autorité publique fait appel à des prestataires privés pour financer et gérer un équipement assurant ou contribuant au service public.

Les contrats de partenariat permettent l'association, de manière durable, d'un ou de plusieurs entrepreneurs privés à la construction, à l'entretien et à la gestion d'un ouvrage public. Ces contrats confient au cocontractant une mission globale relative au financement d'ouvrages ou d'équipements nécessaires au service public, à la construction ou à la transformation des ouvrages ou équipements, ainsi qu'à leur entretien, leur maintenance, leur exploitation ou leur gestion, et, le cas échéant, à d'autres prestations de services concourant à l'exercice, par la personne publique, de la mission de service public dont elle est chargée.

Pour les pays d'Afrique centrale qui souffrent de financement du développement, les PPP sont un outil indiqué pour se doter d'infrastructures. Les Etats de la région se doivent de créer un cadre juridique facilitant le recours à cet instrument de financement.

Faire des envois des fonds des migrants une source de financement du développement

Selon de nombreuses institutions (Banque mondiale, BAD, CNUCED…), les envois de fonds des migrants africains dépassent de loin l'APD à l'Afrique, et pour certains pays, ils dépassent aussi les IDE. Cependant, les envois de fonds à l'extérieur et à l'intérieur du continent sont encore largement sous-estimés et les coûts de transaction sont par ailleurs de loin les plus élevés au monde.

Pour la région Afrique centrale, les chiffres ne sont pas disponibles mais on peut l'estimer à plusieurs centaines de millions voire des milliards de dollars américains par an. Ces fonds sont aujourd'hui, en majeure partie, destinés aux familles, pour la consommation, très peu aux investissements productifs, au financement du développement.

Comme le souligne la CNUCED[93], ces envois de fonds constituent une source appréciable de financement extérieur qui, gérée au moyen de politiques appropriées, pourrait se révéler particulièrement précieuse pour des pays de la région manquant cruellement de capitaux. Les communautés économiques régionales se doivent donc de concevoir des stratégies appropriées pour mettre les envois de fonds au service de la transformation économique de la région. En effet, les envois de fonds peuvent contribuer à la croissance économique et au développement des capacités productives de deux façons : par l'investissement et par le développement du secteur financier.

La Commission de l'Union africaine a d'ailleurs lancé une initiative à propos, en créant en 2012 un Institut africain pour les Versements (African Institute for Remittances - AIR) pour aider à combler la lacune statistique des mouvements des transferts, réduire leurs coûts de transaction afin de faciliter l'effet de levier des envois de fonds pour le développement social et économique de l'Afrique.

Attirer des investissements directs étrangers dans les secteurs non extractifs

Ce qui pose problème aujourd'hui en Afrique centrale, c'est l'absence d'investissements pour les PME qui sont créatrices de richesses, d'emplois et moteur de croissance.

---

[93] Conférence des Nations Unies sur le commerce et le développement (CNUCED), Rapport 2012 sur les pays les moins avancés (aperçu général), *Mettre à profit les envois de fonds et les compétences des diasporas pour renforcer les capacités productives*, CNUCED, 2012, p.3.

Chaque fois qu'il y a des investissements étrangers, ils vont dans les grands projets et notamment dans l'exploration et/ou l'exploitation des ressources naturelles (pétrole, minerais, bois...). Il faut créer des conditions propices à l'attraction des investissements directs étrangers dans les secteurs non extractifs tels que l'agro-industrie, l'agro-alimentaire, l'industrie touristique, etc. et en particulier dans les PME. Et cela passerait par l'amélioration du climat des affaires dans la région qui n'est pas attractif – les pays d'Afrique centrale sont en queue de pelletons du classement *Doing Business* de la Banque mondiale –, comme nous l'avons développé en chapitre 5, en recommandant, rappelons-les, la dotation des pays en réseaux performants d'infrastructures ; la bonne gouvernance politique, économique, administrative et institutionnelle.

Lever des fonds sur le marché financier : promouvoir la bonne gouvernance comme clé de la crédibilité

La levée de fonds sur les marchés financiers nationaux, régionaux et internationaux est une voie de mobilisation des fonds pour le financement du développement de la région. Cependant, ce canal exige de la crédibilité des Etats en matière de bonne santé économique et de bonne gouvernance, ce qui est loin d'être aujourd'hui le cas dans nombre des pays d'Afrique centrale, brillés par la mal gouvernance (voir chapitre 6). Les Etats et les institutions économiques régionales doivent œuvrer à l'amélioration de la gouvernance afin de gagner en crédibilité leur facilitant l'accès aux marchés financiers en vue de la transformation économique de la région.

L'exemple du succès rwandais dans ce domaine mérite d'être cité. En effet, le Rwanda a émis en avril 2013 un emprunt obligataire pour un montant de 400 millions de dollars US, remboursables sur dix ans à un taux d'intérêt de 6,9%. Les marchés internationaux ont massivement répondu favorablement. L'emprunt a ainsi largement dépassé les attentes du gouvernement rwandais, générant plus de 3 milliards de dollars.

Ce succès est révélateur de la maturité économique du pays et de son attractivité sur les marchés internationaux. Le Rwanda, qui affiche un taux de croissance moyen supérieur à 7% cette dernière décennie, est régulièrement salué par la communauté internationale pour ses efforts en matière de la bonne gouvernance et de la réduction de la pauvreté.

Les fonds ainsi levés serviraient à rembourser la dette à court terme du pays et financer des investissements stratégiques, parmi lesquels la finalisation de la construction d'un important centre de conférences, le *Kigali Convention Center*. L'emprunt servirait par ailleurs à diversifier et à augmenter les sources de financement du pays afin de réduire le déficit d'investissement dans ses infrastructures.

Puiser dans les comptes d'opérations des banques centrales de la zone franc

Beaucoup d'auteurs africains[94] et ONG[95] soulignent l'anomalie, à nos jours, de comptes d'opérations des banques centrales de la zone franc, domiciliés au Trésor

---

[94] Voir notamment : Nubukpo Kako, *L'improvisation économique en Afrique de l'Ouest. Du coton au franc CFA*, Paris, éditions Karthala, 2011, 137p ; Agbohou Nicolas, *Le franc CFA et l'euro contre l'Afrique*, Paris, éditions Solidarité Mondiale, 2008 (5e édition), 315p.

[95] L'ONG française « Survie» est un fer de lance de cette dénonciation.

français, qui privent les pays de la zone de somme importante d'argent qui aurait pu permettre le financement du développement des pays de la CEMAC, de l'UEMOA et des Comores.

En octobre 2012, à Bercy, siège du ministère français de l'Economie et des Finances à Paris, les 15 pays de la zone franc se sont réunis pour célébrer avec les autorités françaises les 40 ans d'une coopération monétaire avec l'ex-puissance coloniale, la France, jugée inégale par de nombreux analystes qui appellent à abolir par l'adoption par les pays africains de leurs propres monnaies.

Le fonctionnement des comptes d'opérations

En se référant à l'ouvrage de Nicolas Agbohou[96], la convention entre la France et l'Afrique de la zone franc stipule que « les Etats membres conviennent de mettre en commun leurs avoirs extérieurs dans un fonds de réserves de change. Ces réserves feront l'objet d'un dépôt auprès du Trésor français, dans un compte courant dénommé : compte d'opérations »[97] et « la banque versera au compte d'opérations les disponibilités qu'elle pourra se constituer en dehors de sa zone d'émission »[98].

Depuis que l'euro est devenu la monnaie de la France, le taux de rémunération des capitaux africains stockés dans les comptes d'opérations est déterminé par la Banque centrale européenne.

---

[96] Agbohou Nicolas, *Le franc CFA et l'euro contre l'Afrique*, Paris, éditions Solidarité Mondiale, 2008 (5e édition), p.82.

[97] Article 11 de la convention de coopération monétaire entre la France et les Etats membres de la BEAC, du 13 mars 1973.

[98] Article 2 de la convention de compte d'opérations entre la France et les pays africains de la zone franc (les PAZF).

Un montant colossal qui devrait être servi au financement du développement !

En 2012, le montant total des réserves extérieures de ces pays avoisinait les 15.000 milliards de francs CFA (30 milliards USD) pour toute la zone franc dont 8.000 milliards de F CFA (16 milliards USD) pour les seuls Etats de la BEAC.

Le taux d'intérêt appliqué sur ces réserves monétaires ne dépasse pas 2,5%, soit un taux marginal, le plus faible que la France – qui émet beaucoup de titres – peut payer sur ses emprunts. Si les avoirs logés au Trésor français étaient placés sur les marchés financiers à un taux de rendement de 6 à 8% par exemple, ils procureraient d'importantes devises aux pays africains pour financer leurs économies. Ce qui fait dire à d'aucuns que les Etats africains (de la zone franc) aident la France à financer son budget à des taux concessionnels au détriment des économies de ces Etats là !

Le volume des dépôts exigé était de 65 % des réserves extérieures de pays concernés, il a été réduit à 50% depuis juillet 2009. Néanmoins, la BEAC notamment continue à déposer plus des 50%. Ces dépôts sont prétendus être en contrepartie de la garantie que la France accorde au franc CFA : un principe complètement dénué de fondement aujourd'hui où les Etats ont suffisamment de compétences pour gérer eux-mêmes leur monnaie !

Cette pratique est considérée par beaucoup comme un des éléments de la pauvreté qui est entretenue en Afrique subsaharienne francophone.

« La solidarité, c'est (…) la consolidation de la zone franc. Que l'on me comprenne bien, les monnaies communes à l'Afrique de l'Ouest et à l'Afrique centrale constituent un véritable atout, notamment en matière d'intégration régionale, et la stabilité monétaire est un avantage économique précieux. Mais je suis convaincu que les pays de la zone franc doivent pouvoir assurer de manière active la gestion de leurs monnaies et mobiliser davantage leurs réserves pour la croissance et l'emploi »[99]. A travers ces propos, le président français, François Hollande, reconnaît ainsi l'enjeu pour les pays de la zone franc d'utiliser ces réserves pour financer leur développement.

---

[99] Extrait de discours du président français, François Hollande, prononcé à l'Assemblée nationale sénégalaise, à Dakar, le 12 octobre 2012.

CONCLUSION

Cet ouvrage s'est évertué à mettre en exergue les immenses atouts de l'Afrique centrale notamment en matière de ressources naturelles (le sous-sol riche, les terres arables abondantes, la faune et la flore riches et diversifiées, etc.) sous exploitées.

Cette richesse constitue, comme le souligne si bien la Fondation de Kofi Anan[100], un actif qui présente le potentiel requis pour sortir des millions de personnes de la pauvreté et pour construire une prospérité partagée pour le futur.

Cependant, les ressources naturelles exploitées à ce jour (le pétrole, les minerais, le bois…) et les cultures (le cacao, le coton, le café…) dans les pays de la région n'ont pas pu apporter des conditions de vie décentes aux populations des pays concernés, bien au contraire, la pauvreté ne recule pas. La région est la moins développée du continent.

Cet état de fait conduit beaucoup à parler de « malédiction des ressources naturelles » mais on ne peut raisonnablement parler de malédiction, il y a plutôt un problème de gouvernance, de leadership. Comme le note la Banque mondiale, « des gouvernements efficaces améliorent les conditions de vie des habitants en veillant à ce qu'ils aient accès à des services essentiels tels que les soins de santé, l'éducation, l'eau et l'assainissement, l'électricité et les transports, et qu'ils aient l'occasion de

[100] Africa Progress Panel, *op. cit.*, p.92.

vivre et de travailler dans un environnement pacifique et sécuritaire »[101]. Ce qui n'est visiblement le cas des gouvernements des pays d'Afrique centrale.

Cette région souffre de politiques inadaptées, d'une faible gouvernance et de l'absence de transformation de la richesse en ressources naturelles en progrès sociaux et économiques. En effet, les gouvernements qui se succèdent depuis des décennies n'ont pas su mettre les revenus tirés des matières premières à profit pour la transformation physique, économique et sociale de leurs pays respectifs et partant, de la région entière où on assiste à un manque généralisé d'infrastructures. Cette insuffisance d'infrastructures (routes, rails, énergie…) constitue une entrave de taille au développement économique et social de la région. C'est la principale cause de son retard par rapport aux autres régions d'Afrique. Cette carence concerne non seulement les infrastructures inter-pays, mais aussi régionales. Elle compromet la compétitivité et donc la viabilité de nombreuses entreprises.

La mise en place d'infrastructures de transport de qualité constituerait une composante essentielle dans la stratégie d'intégration économique et de développement durable en Afrique centrale. Ces infrastructures favoriseraient notamment l'accroissement du commerce intrarégional (zone CEEAC), aujourd'hui très faible (en deçà de 2% en 2012).

Par ailleurs, l'Afrique centrale, comme le continent tout entier, ne peut construire une croissance dynamique et une prospérité partagée, si les pays exportent les ressources naturelles à l'état brut. Il faut remplacer les calculs à court terme par une nécessaire réflexion à long terme. Les stratégies nationales doivent identifier les projets d'extrac-

---

[101] Voir http://donnees.banquemondiale.org/theme/secteur-public

tion capables de générer plus d'emplois, avec un lien effectif avec l'économie locale. La transformation des ressources naturelles avant leur exportation donnerait une valeur supplémentaire à ce secteur dans un pays.

La diversification de l'économie réduirait la dépendance de la région à l'égard des exportations des produits primaires ainsi que sa vulnérabilité à la volatilité des prix de ces produits.

Aussi, les gouvernants doivent savoir que les ressources naturelles ne suffisent pas à faire le développement. Il est impératif d'investir dans le capital humain par, d'une part, un renforcement structurel de l'offre de formation supérieure et professionnelle, et d'autre part, le développement d'une réelle capacité d'expertise pour pouvoir évaluer des projets. La région se doterait ainsi des ressources humaines qualifiées pour relever les multiples défis de son développement. Il conviendrait également de promouvoir l'éducation civique : « (...) tant qu'on n'a pas de citoyens motivés qui savent pourquoi ils produisent et ce qu'ils consomment, il manque un élément fondamental du développement », comme a si bien dit l'historien burkinabé, le regretté Joseph Ki-Zerbo[102].

Les pays d'Afrique centrale peuvent apprendre et tirer parti du succès de certains pays en développement notamment des NPI asiatiques, tourner vers eux pour trouver des modèles de développement appropriés. La voie du développement qu'ont empruntés ces pays asiatiques consistait, entre autres, à :

- mettre en avant des activités à forte valeur ajoutée en privilégiant les activités de transformation des ressources

[102] Ki-Zerbo Joseph, *A quand l'Afrique ?*, Entretien avec René Holenstein, éditions de l'Aube, 2003, p.165.

nationales, afin de tirer parti de l'expansion générale de ce marché ;
- établir des ponts entre l'agriculture et l'industrie ;
- améliorer la productivité par le transfert de technologies (solliciter aux partenaires nantis), l'amélioration des moyens techniques, le développement des ressources humaines ;
- développer des PME qui sont les meilleurs moyens de création d'emplois afin de réduire la pauvreté ;
- promouvoir la Recherche et le Développement (R&D) des entreprises industrielles.

En somme, si on observe que les choses changent dans beaucoup de régions du continent où on voit émerger des gouvernements de plus en plus soucieux de la meilleure gestion de leurs rentes, notamment vis-à-vis des populations, ce n'est guère le cas en Afrique centrale. On le voit, malgré les énormes potentialités – jamais égalées –, les pays sont au bas du classement de tous les indicateurs de développement. Ce qui est une preuve de l'incapacité des dirigeants à régler concrètement les problèmes de leur pays, de leur peuple.

Dans la région, il manque la vision d'entraîner les pays vers le développement, les peuples vers des meilleures conditions de vie. Les dirigeants ne savent pas suffisamment anticiper. Il leur manque la faculté prospective, la faculté d'anticipation des grandes problématiques.

Leadership, transparence et responsabilité sont donc nécessaires pour la transformation économique et sociale de la région. Pour ce faire, la construction d'institutions solides est nécessaire. Comme le conseille la CEA : « Les gouvernements ne détiennent pas toutes les réponses et doivent apprendre. ''Leadership'' ne veut donc pas dire, comme dans leur cas, donner des instructions aux parties concernées, mais bien offrir ses bons services, rassembler les uns et les autres autour d'une table et faire en sorte que les intérêts sectoriels soient réorientés à l'avantage de l'intérêt collectif »[103].

Il faut peut-être espérer que l'émergence de la société civile ces dernières années dans ces pays contribuerait à éveiller les consciences des populations et les dénonciations des dérives des gouvernants par celle-ci participeraient à l'amélioration de la gouvernance dans cette région pour le bien-être des populations. Il faut reconnaître que la société civile, qualifiée de cinquième pouvoir en Afrique, est aujourd'hui le véritable empêcheur de tourner en rond des gouvernants autoritaires et médiocres. De ce fait, elle joue un rôle salutaire.

[103] CEA, Rapport économique sur l'Afrique 2013, *op. cit.*, p. 251.

LISTE DES TABLEAUX, GRAPHIQUES ET ENCADRÉS

Liste des tableaux

Liste des encadrés

Liste des graphiques

ORIENTATIONS BIBLIOGRAPHIQUES

1- Ouvrages

- Agbohou Nicolas, *Le franc CFA et l'euro contre l'Afrique*, Paris, éditions Solidarité Mondiale, 2008 (5e édition), 315p.
- Alvergne Christel, *Le défi des territoires. Comment dépasser les disparités spatiales en Afrique de l'Ouest et du Centre*, éditions Karthala, 2008, 263p.
- Bairoch Paul, *Révolution industrielle et sous-développement*, Paris, éditions EHESS, 1984 (4e édition).
- Bangui Thierry, *La ville, un défi du XXIe siècle. Essai sur les enjeux de développement urbain en Afrique*, Paris, éditions l'Harmattan, 2011, 253 p.
- Bangui Thierry, *La Chine, un nouveau partenaire de développement de l'Afrique. Vers la fin des privilèges européens sur le continent noir ?*, Paris, éditions l'Harmattan, 2009, 292 p.
- Bangui Thierry, *China: A New Partner for Africa's Development - Are We Heading for the End of European Privileges on the Black Continent?*, New York, Editor Nova Publishers, 2012, 192 p.
- Bangui Thierry, *L'habitat des quartiers aéroportuaires des métropoles africaines (Bamako, Bangui, Brazzaville et Dakar). L'exemple de Bangui (Rép. Centrafricaine)*, Lille,

ANRT (Atelier national de reproduction des thèses), 2006, 356 p.

- Bayart Jean-François, *L'Etat en Afrique. La politique du ventre*, Paris, éditions Fayard, 2006 (nouvelle édition), 439 p.

- Braeckman Colette, *Les nouveaux prédateurs. Politiques des puissances en Afrique centrale,* Paris, éditions Fayard, 2003, 309p.

- Brunel Sylvie, *La coopération Nord-Sud*, éditions PUF, QSJ, 1997, 127 p.

- Charvet Jean-Paul, *L'alimentation dans le monde, mieux nourrir la planète*, Paris, Petite Encyclopédie Larousse, 2004, 128 p.

- Commission Economique pour l'Afrique - Bureau Afrique Centrale, *Les économies de l'Afrique centrale*, Paris, éditions Maisonneuve et Larose, 2005, 253 p.

- Commission Economique pour l'Afrique, *Les infrastructures de transport et l'intégration régionale en Afrique centrale*, Paris, éditions Maisonneuve et Larose, 2005, 92 p.

- Devarajan, S. et R. Singh (2012), Government Failure and Poverty Reduction in the CEMAC, in B. Akitoby, et S. Coorey, (éd.), *Oil Wealth in Central Africa: Policies for Inclusive Growth*, FMI, Washington DC.

- de Wasseige C. et al, *Les forêts du Bassin du Congo. Etat des forêts 2010*, Office des publications de l'Union européenne, 2012, 274 p.

- Djimet-Baboun Armand, *Agriculture et développement dans le monde*, Paris, éditions Ellipses, 2006, 144p.

- Fonouni-Farde Gérard, *Comprendre l'économie internationale*, Paris, éditions l'Harmattan, 2013, 204 p.

- Foucher Michel, Darbon Dominique, *L'Afrique du Sud, puissance utile ?*, éditions Belin, 2001, 127p

- Glaser Antoine, *AfricaFrance. Quand les dirigeants africains deviennent les maîtres du jeu,* Paris, éditions Fayard, 2014, 230 p.
- Harel Xavier, *Afrique, pillage à huis clos. Comment une poignée d'initiés siphonne le pétrole africain*, éditions Fayard, 2006, 281p.
- Harel Xavier, Hofnung Thomas, *Le scandale des biens mal acquis*, éditions La Découverte, 2011, 240 p.
- Hoinathy Remadji, *Pétrole et changement social au Tchad. Rente pétrolière et monétisation des relations économiques et sociales dans la zone pétrolière de Doba*, éditions Karthala, 2013, 282p.
- Hugon Philippe, *L'intégration régionale dans les économies en développement au regard des nouvelles théories de la régionalisation*, CERED, MAE/DGCID, Paris, 2001.
- Ki-Zerbo Joseph, *A quand l'Afrique ?, entretien avec René Holenstein*, éditions de l'Aube, 2003, 199 p.
- Le Bris E., Le Roy E., Mathieu P., *L'appropriation de la terre en Afrique noire. Manuel d'analyse de décision et de gestion foncière*, Paris, éditions Karthala, 1991, 359 p.
- Lejeune Hervé, *Un monde sans faim. Nous pourrons nourrir le monde en 2050*, Paris, éditions l'Harmattan, 2013, 228 p.
- Misser François, *La saga d'Inga. L'histoire des barrages du fleuve Congo*, Paris, éditions l'Harmattan, 2013, 228 p.
- Mitterrand Jean-Christophe, *Mémoire meurtrie*, éditions Plon, 2001, 216 p.
- Ngoupandé Jean-Paul, *L'Afrique sans la France*, éditions Albin Michel, 2002, 398 p.

- Nubukpo Kako, *L'improvisation économique en Afrique de l'Ouest. Du coton au franc CFA*, Paris, éditions Karthala, 2011, 137p.
- Nyambal Eugène, *Afrique : les voies de la prospérité. Dix clés pour sortir de la pauvreté*, éditions l'Harmattan, 2008, 242 p.
- Obenga Théophile, *Appel à la jeunesse africain*, éd. Ccinia Communication, 2007, 124 p.
- Paquet Gilles, *Gouvernance, mode d'emploi,* Montréal, éditions Liber, 2008, 372 p.
- Parmentier Bruno, *Nourrir l'humanité. Les grands problèmes de l'agriculture mondiale au XXIe siècle*, Paris, éditions La Découverte, 2007, 275 p.
- Péan Pierre, *La République des mallettes*, Paris, éditions Fayard, 2011, 484 p.
- Péan Pierre, *Le monde selon K.*, Paris, éditions Fayard, 2009, 325 p.
- Pigeaud Fanny, *Au Cameroun de Paul Biya,* Paris, éditions Khartala, 2011, 276 p.
- Robert Anne-Cécile, *L'Afrique au secours de l'Occident*, éditions de l'Atelier, 2006, 207 p.
- Rupture-Solidarité, *Résistances et dissidences. L'Afrique (centrale) des Droits de l'homme*, n°4, nouvelle série, Paris, éditions Karthala, 2003, 272 p.
- Smith Stephen, *Négrologie. Pourquoi l'Afrique meurt*, éditions Calmann-Lévy, 2003, 248 p.
- Tumba Bob Matamba, *La reconnaissance économique de l'Afrique. Les signes avant-coureurs d'une puissance en gestation*, éditions L'Harmattan, 2013, 192 p.

- Zacharie Arnaud, D'Othée François Janne, *L'Afrique centrale dix ans après le génocide*, Bruxelles, éditions Labor, 2004, 183 p.

2- Rapports et articles

- Africa Progress Panel, *Rapport 2013 sur les progrès en Afrique*, « Equité et Industries Extractives en Afrique. Pour une gestion au service de tous », Genève, 2013, 117 p.
- Banque Africaine de Développement, Rapport sur le développement en Afrique, Mondialisation et développement de l'Afrique, éditions Economica, 2003, 334 p.
- CEMAC 2025 : Vers une économie régionale intégrée et émergente, Programme Economique Régional 2010-2015, *Rapport final*, Volume 1, octobre 2009, 136 p.
- Conférence des nations Unies sur le Commerce et le développement (CNUCED), Rapport 2012 sur l'investissement dans le monde. Vue d'ensemble. *Vers une nouvelle génération de politiques de l'investissement*, CNUCED, Genève, 2012, 48 p.
- Conférence des Nations Unies sur le commerce et le développement (CNUCED), Rapport 2012 sur les pays les moins avancés (aperçu général), *Mettre à profit les envois de fonds et les compétences des diasporas pour renforcer les capacités productives*, CNUCED, 2012, 28 p.
- Doing Business 2013, *Des réglementations intelligentes pour les petites et moyennes entreprises*, Rapport 2013, Banque mondiale et Société financière internationale, 26 p.

- Dzaka-Kikouta Théophile : « Entre marginalisation et intégration régionale. Les enjeux du développement de l'Afrique centrale face à la mondialisation » in Rupture-Solidarité, *Résistances et dissidences. L'Afrique (centrale) des Droits de l'homme*, n°4, nouvelle série, Paris, éditions Karthala, 2003, pp.243-272.
- Le Partenariat pour les forêts du bassin du Congo, *Les forêts du bassin du Congo. Evaluation préliminaire,* 2005.
- Mbonda Ernest-Marie : « Le cinquième pouvoir en Afrique. La société civile et le droit de résister » in Rupture-Solidarité, *Résistances et dissidences. L'afrique (centrale) des Droits de l'homme*, n°4, nouvelle série, Paris, éditions Karthala, 2003, pp.11-37.
- NEPAD, *Mécanisme africain d'évaluation entre pairs (MAEP) : document de base*, Midrand (Afrique du Sud), 2003.
- OCDE, Coopération pour le développement 2012, *Comment intégrer durabilité et développement*, OCDE, Paris, 2012, 318 p.
- Plan Stratégique Gabon Emergent, *Vision 2025 et orientations stratégiques 2011-2016*, 2012, 149 p.
- Rapport conjoint CEA, UA, BAD : « État de l'intégration régionale en Afrique IV. Développer le commerce intra-africain », Addis-Abeba, 2010, 563 p.
- Rapport DATA 2013, *Financer la lutte pour la transformation de l'Afrique*, ONG One, Paris, 2013, 46 p.
- Rapport économique sur l'Afrique 2013, « *Tirer le plus grand profit des produits de base africains: l'industrialisation au service de la croissance, de l'emploi et de la transformation économique* », Commission économique des Nations Unies pour l'Afrique (CEA), Addis-Abeba, 2013, 256 p.

- Rapport OMD 2012, *Évaluation des progrès accomplis en Afrique dans la réalisation des objectifs du Millénaire pour le développement*, PNUD, 2012, 186 p.
- Rapport sur le développement humain 2013, L'essor du Sud : le progrès humain dans un monde diversifié, PNUD, 2013.
- Terry Lynn Karl: « *The Paradox of Plenty : Oil Booms and Petro-States* »*, The University of California Presse, 1997. (*Le paradoxe de l'abondance: les booms pétroliers et Petro-Unis).
- *Vision Burundi 2025,* Ministère du Plan et du Développement Communal, 2011, 101 p.

TABLE DES MATIERES

L'Afrique

aux éditions L'Harmattan

Dernières parutions

RESPONSABLE OU COUPABLE
L'Afrique doit choisir
Kouassi Appiah
La liberté et la démocratie ne sont-elles pas les ingrédients de base d'un progrès et d'un développement ? Pourquoi l'Afrique ne veut-elle pas en user pour avancer ? Personne ne viendra développer l'Afrique à sa place et tout ce qui est fait par l'extérieur dans ce sens n'est qu'un piège dans lequel elle est tombée. Même s'il faut y perdre une vie, il faut à l'Afrique se libérer de son complexe d'incapacité et apporter sa contribution au monde.
(Harmattan Côte d'Ivoire, 12.50 euros, 104 p.)
ISBN : 978-2-336-30574-5, ISBN EBOOK : 978-2-336-35579-5

AFRIQUE (L') DANS LE MONDE CONTEMPORAIN
Entre émancipation, néocolonialisme et recolonisation
Sous la direction de Tsala Tsala Christian C.
Préface de Khalid Chegraoui ; Postface de Jèrôme Mebara Nomo et M'hammed Echkoundi
Au lieu de saisir l'opportunité historique qui se présente à elle, l'Afrique montre une image de «républiquettes» en attente de recolonisation, une image de dépouillement. Les Asiatiques et les Latino-Américains viennent y parachever la spoliation initiée par les Occidentaux. Ce livre dénonce une coopération aux allures d'un marché de dupes, où le subordonné n'est autre que l'Afrique.
(Harmattan Cameroun, 30.00 euros, 292 p.)
ISBN : 978-2-343-03611-3, ISBN EBOOK : 978-2-336-35375-3

TYRANNIE (LA) DU DÉVELOPPEMENT
Déconstruction d'un mythe...
Sall Macky Idy
Les pesanteurs du continent africain et les tares de ses dirigeants sont toutes passées en revue et dénoncées dans cet ouvrage. Parmi elles, leur refus de s'émanciper et de se libérer de l'asservissement du Nord. Or derrière la question du développement se cache tout un système de prédation et l'Afrique a plus que jamais besoin d'opérer des ruptures tant au niveau de ses relations avec les autres parties de la planète qu'en son sein, en s'appuyant d'abord sur ses valeurs culturelles et endogènes.
(13.50 euros, 124 p.)
ISBN : 978-2-343-03270-2, ISBN EBOOK : 978-2-336-35354-8

VAINCRE LA CORRUPTION EN AFRIQUE
La solution patrimoniale
Salouo Armand
Comment rendre la lutte contre la corruption plus efficace dans les pays africains ? En prenant le cas du Cameroun pour illustration, l'auteur constate l'impasse des stratégies de lutte contre la corruption, traditionnellement basées sur la traque préventive ou répressive, à l'instar de la célèbre «Opération Épervier». Sa Solution patrimoniale vise à mettre un terme à cette patrimonialisation illégitime des ressources publiques.
(Coll. Points de vue, 20.00 euros, 200 p.)
ISBN : 978-2-343-04085-1, ISBN EBOOK : 978-2-336-35414-9

MIGRANTS (LES) ET L'INVESTISSEMENT EN AFRIQUE
Sous la direction de Sumata Claude
L'image négative de l'immigration est battue en brèche car les migrants constituent désormais des agents de codéveloppement. Ils peuvent accumuler des ressources dont l'apport pour leur pays d'origine est considérable. Cet ouvrage analyse le phénomène de la migration sous l'angle de l'entrepreneuriat et de l'investissement pour permettre de voir comment cela peut stimuler les activités économiques et réduire la pauvreté.
(Coll. Sociétés africaines et diaspora, 20.00 euros, 208 p.)
ISBN : 978-2-343-02921-4, ISBN EBOOK : 978-2-336-35477-4

DROIT DES ORGANISATIONS D'INTÉGRATION ÉCONOMIQUE EN AFRIQUE (CEDEAO - CEMAC - UEMOA - ZMAO)
Zogbelemou Togba
Face à l'échec des regroupements politiques d'Etat des années 60 et l'essoufflement de l'État providence dans les années 70, certains États se sont orientés vers la coopération économique avec la création de la CEDEAO, puis l'UEMOA et la CEMAC. Pour atteindre leurs objectifs d'intégration, impliquant certains abandons de souveraineté, ces communautés ont mis en place des organes de gestion, des institutions de contrôle et des institutions à vocation monétaire et financière.
(Coll. Études africaines, 37.50 euros, 372 p.)
ISBN : 978-2-343-03028-9, ISBN EBOOK : 978-2-336-35382-1

RECONSTRUIRE L'AFRIQUE
Nouvelle gouvernance et projet de développement
Amedzro St-Hilaire Walter
Sous quelles formes le projet de développement de l'Afrique doit-il se matérialiser et combien de temps faudra-t-il aux Africains pour changer leur continent ? Ils devront se préparer aux enjeux de la démographie, et à des réformes institutionnelles et économiques. Les propositions relatives à l'établissement de nouvelles perspectives financières, à la rigueur budgétaire, au sens de la responsabilité, à l'amélioration de la gouvernance et au retour à la dignité, visent à définir un cadre approprié à la reconstruction africaine.
(Coll. L'Esprit Économique, série Le Monde en Questions, 27.00 euros, 280 p.)
ISBN : 978-2-343-03877-3, ISBN EBOOK : 978-2-336-35465-1

POLITIQUES ENVIRONNEMENTALES : TRADITIONS ET COUTUMES EN AFRIQUE NOIRE
Sanou Doti Bruno
L'auteur interroge la contribution des traditions et coutumes dans la mise en œuvre des politiques environnementales en Afrique. Il mobilise toutes les sciences humaines pour faire comprendre l'importante richesse que proposent les traditions et coutumes dans la préservation et l'aménagement de ces énormes puits de carbone que constituent les forêts. Selon lui, seul le dialogue entre les disciplines scientifiques et les cultures peut contribuer à l'émergence d'un nouveau monde.
(26.00 euros, 254 p.)
ISBN : 978-2-343-04246-6, ISBN EBOOK : 978-2-336-35475-0

COMMENT GÉRER SA SEXUALITÉ
S'abstenir jusqu'au mariage
Okoronkwo Stella
Inondés de partout par les médias et l'audiovisuel, les jeunes ne peuvent s'empêcher de banaliser le sexe, ce qui, en définitive, les dessert fortement tant au plan physiologique que spirituel. Ramassant tous les revers liés au sexe, l'auteur fait de ce livre un ensemble de préceptes agréable à lire.
(Coll. Harmattan Côte-d'Ivoire, 12.00 euros, 96 p.)
ISBN : 978-2-343-03849-0, ISBN EBOOK : 978-2-336-35561-0

FIGURE (LA) DU PÈRE EN AFRIQUE
Lieu anthropologique d'une ecclésiologie
Avocan Célestin Coomlan
La figure du père a longtemps servi, dans la famille, de clé d'interprétation à un ensemble de situations prévalant sur le continent africain. Ces derniers temps, d'autres visions anthropologiques ont surgi, ne facilitant l'identification ni de la paternité, ni de la maternité. Cet ouvrage prend acte de la nouvelle complexité et inventorie la pluralité des visages du père dans la culture africaine, sans négliger la culture occidentale, le rôle de l'Église catholique et la notion « Famille de Dieu ».
(Harmattan Italia, Coll. Harmattan Italia, 13.50 euros, 76 p.)
ISBN : 978-2-336-30701-5, ISBN EBOOK : 978-2-336-35339-5

EXPOSITION (L') POSTCOLONIALE
Musées et zoos en Afrique de l'Ouest (Niger, Mali, Burkina Faso)
Bondaz Julien
En Afrique de l'Ouest, les musées et les parcs zoologiques ont été créés pendant la période coloniale. Ils constituent des terroirs ethnographiques particulièrement féconds, travaillés par de nombreuses transformations postcoloniales. Confrontés à la vue d'un objet rituel présenté comme une oeuvre d'art ou d'un animal sauvage en cage, les visiteurs locaux inventent de nouveaux rapports aux collections muséales entre enjeux de mémoire et logique rituelle. Quelles sont les manières qu'ont les hommes d'interagir avec les fétiches, les œuvres d'art, les animaux et les dieux ?
(Coll. Connaissance des hommes, 33.00 euros, 352 p.)
ISBN : 978-2-343-04032-5, ISBN EBOOK : 978-2-336-35474-3

MUSIQUE TRADITIONNELLE ET CIVILISATION ORALE CHEZ LES MANDING

Dabo Sadibou

En parlant de musique traditionnelle manding, nous avons privilégié celle qui s'est exprimée au Mali, en République de Guinée, en Gambie, Guinée-Bissau et au Sénégal. Loin d'appartenir au passé, cette musique traditionnelle demeure vivante et s'adapte au contexte actuel, marqué par le recul des valeurs communautaires et le renforcement de l'individualisme dans le cadre d'un monde globalisé.

(12.00 euros, 112 p.)

ISBN : 978-2-296-99872-8, ISBN EBOOK : 978-2-336-35426-2

DE L'ORIGINE DES FULBÉS (PEULS) À L'EMPIRE SATIGUI (DENIYANKÉ)

Ba Ibrahima Mamadou

Peu de populations africaines ont fait couler autant d'encre que les Peuls, ce peuple pasteur nomade qui conduit ses troupeaux à travers toute l'Afrique, pour la raison majeure qu'ils n'ont jamais été considérés comme des autochtones de l'Ouest africain et qu'ils posent un problème ethnocentrique, jusqu'ici non résolu de façon satisfaisante. Incontestablement supérieure, la population peule a fait subir son influence aux populations noires. Nombre de peuplades métissées se forment grâce au mélange de ces deux populations.

(12.50 euros, 116 p.)

ISBN : 978-2-336-30480-9, ISBN EBOOK : 978-2-336-35567-2

CROISSANCE AFRICAINE : Y CROIRE ET S'IMPATIENTER
15 clés pour comprendre les défis du continent

Heuraux Christine

Préface d'Abdou Diouf

Voici explorées les grandes thématiques qui façonnent la croissance et le développement du continent africain : ses richesses - démographiques, naturelles, agricoles et minières - ; ses faiblesses - infrastructures de transport, accès à l'eau et à l'énergie, système financier, éducation, formation ; les atouts et promesses de ses échanges commerciaux - avec le reste du monde et intra-africains.

(45.00 euros, 566 p.)

ISBN : 978-2-343-03840-7, ISBN EBOOK : 978-2-336-35250-3

SUR LE CHEMIN DU DÉVELOPPEMENT DE L'AFRIQUE

Remondo Max

L'Afrique a la possibilité de se développer, mais il existe chez les deux acteurs normalement déterminants dans cette entreprise complexe des handicaps qui l'empêchent d'y parvenir. Pour l'Africain, ce sont des traits de culture inhibiteurs. Pour l'État postcolonial, c'est l'absence ou l'insuffisance des conditions fondamentales de développement.

(Coll. Études africaines, 22.50 euros, 217 p.)

ISBN : 978-2-343-03321-1, ISBN EBOOK : 978-2-336-35279-4

L'HARMATTAN ITALIA
Via Degli Artisti 15; 10124 Torino

L'HARMATTAN HONGRIE
Könyvesbolt ; Kossuth L. u. 14-16
1053 Budapest

L'HARMATTAN KINSHASA
185, avenue Nyangwe
Commune de Lingwala
Kinshasa, R.D. Congo
(00243) 998697603 ou (00243) 999229662

L'HARMATTAN CONGO
67, av. E. P. Lumumba
Bât. – Congo Pharmacie (Bib. Nat.)
BP2874 Brazzaville
harmattan.congo@yahoo.fr

L'HARMATTAN GUINÉE
Almamya Rue KA 028, en face
du restaurant Le Cèdre
OKB agency BP 3470 Conakry
(00224) 657 20 85 08 / 664 28 91 96
harmattanguinee@yahoo.fr

L'HARMATTAN MALI
Rue 73, Porte 536, Niamakoro,
Cité Unicef, Bamako
Tél. 00 (223) 20205724 / +(223) 76378082
poudiougopaul@yahoo.fr
pp.harmattan@gmail.com

L'HARMATTAN CAMEROUN
BP 11486
Face à la SNI, immeuble Don Bosco
Yaoundé
(00237) 99 76 61 66
harmattancam@yahoo.fr

L'HARMATTAN CÔTE D'IVOIRE
Résidence Karl / cité des arts
Abidjan-Cocody 03 BP 1588 Abidjan 03
(00225) 05 77 87 31
etien_nda@yahoo.fr

L'HARMATTAN BURKINA
Penou Achille Some
Ouagadougou
(+226) 70 26 88 27

L'HARMATTAN SÉNÉGAL
10 VDN en face Mermoz, après le pont de Fann
BP 45034 Dakar Fann
33 825 98 58 / 33 860 9858
senharmattan@gmail.com / senlibraire@gmail.com
www.harmattansenegal.com

L'HARMATTAN BÉNIN
ISOR-BENIN
01 BP 359 COTONOU-RP
Quartier Gbèdjromèdé,
Rue Agbélenco, Lot 1247 I
Tél : 00 229 21 32 53 79
christian_dablaka123@yahoo.fr

Achevé d'imprimer par Corlet Numérique - 14110 Condé-sur-Noireau
N° d'Imprimeur : 118728 - Dépôt légal : mai 2015 - *Imprimé en France*

www.ingramcontent.com/pod-product-compliance
Lightning Source LLC
LaVergne TN
LVHW011006061026
849535LV00006B/1746
* 9 7 8 2 3 4 3 0 5 4 6 5 0 *